Guitar Practice Journal

12-Month Log for Musicians

This journal belongs to:

_____

_____

Copyright © 2020 EDventure Learning LLC

All rights reserved. This book or any portion thereof may not be reproduced or used in any manner whatsoever without the express written permission of the publisher.

Cover photo by Piotr Piatrouski via Dreamstime

Printed in the United States of America
ISBN: 978-1-64824-005-8

EDventure Learning LLC
5601 State Route 31 #1296
Clay, NY 13039

www.edventurelearning.com

Email us at hello@edventurelearning.com

Table of Contents

Keys to Effective Practice	1
How to Use This Book	4
Repertoire List	6
The Year Ahead	9
Practice Log	13
Month 1	15
Month 2	29
Month 3	43
Month 4	57
Month 5	71
Month 6	85
Month 7	99
Month 8	113
Month 9	127
Month 10	141
Month 11	155
Month 12	169
Year in Review	183
Reference	187
Glossary of Musical Terms	188
Guitar Fretboard	190
Circle of Fifths	191
Chord Dictionary	192
Notes	194
Staff Paper	198

Keys to Effective Practice

One of the most important things for a musician to learn is not a particular song or playing technique but rather the discipline of effective practice. Here are some tips to help you make the most of your practice time.

Set Yourself Up for Success

Your physical space should be set up to make practicing as easy as possible. It should be simple and convenient for you to practice with minimal setup. Store your instrument where you can access it quickly and easily. Keep your music, your practice journal, and a pencil handy. The more setup you have to do before you can begin actually playing, the more time you waste and the more likely you are to decide it's not worth the hassle to practice that day. Having everything ready to go maximizes your chance of following through with a practice session.

The hardest part of practicing is often just getting started. If you're short on time, tired, or just not in the mood, it can be hard to will yourself to sit down for an hour-long practice session. A trick for getting past this is to commit yourself to playing something very short and simple every day, such as a major scale. Every time you practice, start with that scale as a quick warm-up. On days when you're having trouble sitting down to practice, just hold yourself to that minimum commitment. Play the scale. If that scale is all you end up playing that day, that's better than nothing. More often than not, however, once you've played it, you'll keep going. You will have already gotten over the hurdle of getting started, and now that you're at your instrument and in a playing mindset, you'll continue with the practice session.

Practice Smarter

For a beginning student, 30 minutes a day for five days a week is a great starting point. More advanced students may want to increase this to an hour a day for up to seven days if time allows. More important than the amount of practice, however, is the type of practice. Twenty minutes of focused, effective practice is more beneficial than an hour of aimless playing.

As you practice, your mind should be engaged. When working through a piece, rather than just playing through it over and over hoping it will improve with repetition, pay close attention to how it sounds. Try to discover what exactly doesn't sound quite right and discern the cause of the issue. Then you can attend to that specific problem.

If they kept careful track of their time spent practicing, many students would be surprised to learn how much of their time was spent practicing things they already know. It is common for students to work on a piece by playing it all the way through a few times before moving on to the next piece or exercise. This is not the most efficient way toward improvement, however.

Say, for example, that you've allotted 15 minutes to practice a piece that takes around five minutes to play through entirely. Somewhere in the middle is a particularly difficult passage that often trips you up, but you push through it and finish the piece. By this method, you will make it through three repetitions of the piece in the allotted time, so that difficult passage has also received three rehearsals. Progress will be slow if you're not spending adequate time on the areas that challenge you. While it is important to run through pieces in their entirety from time to time, it would be a much more effective use of time to concentrate the majority of the practice time on the challenging passage.

When concentrating on a particular measure, it can be helpful to use a cycling technique, wherein you play the measure before, the targeted measure, and the measure that follows in a continuous cycle without interruption. This way, you may get to play that challenging passage 50 times within a practice session rather than only three, and you will be much more likely to master it.

Set Effective Goals

Goal setting helps you define where you want to go and make a plan for how to get there. This journal will guide you to set both yearly and monthly goals for your playing. You can also use the daily logs to create mini-goals for what you want to accomplish in a given practice session.

Before you begin a practice session, set specific, actionable goals for your playing. Don't just say that you are going to work on a particular passage. How are you going to work on the passage? You might determine, for example, that you will play only the chord changes first at a metronome setting of 50 bpm, then add in the full strum pattern and slowly work up to tempo. Use the daily logs in this journal to keep track of the specific ways that you tackle pieces in your practice.

Set performance-based rather than time-based practice goals. For example, if you're working on a C Major scale, the goal should not be to play the scale ten times or to practice it for five minutes. The goal should be to play the scale accurately, smoothly, and with consistent volume at a given metronome setting. The same principle applies to repertoire. The ultimate goal is to have the piece sound the way you want it to, whether achieving that takes one repetition or 1,000.

Track Your Progress

When you set goals for your playing, you need a way to measure your progress. You've already taken a step in the direction of mindful practice by picking up this journal. Keeping a record of what you play, how much time you spend, what has worked, and what hasn't lets you see your growth over time at a glance and helps you determine what to do next to continue to improve. It can also provide motivation when you're feeling stuck to look back at how far you've already come. Little steps add up to major progress over time.

Recording yourself can also be invaluable for a musician. It is often difficult to listen to yourself effectively while you are focusing on the mechanics of playing. Listening to a recording of yourself will enable you to concentrate as you listen for areas of improvement. Take notes in your practice journal on what you notice as you play, and use this information to inform your plan to improve upon what you heard.

Enjoy the Process

If your musicianship is a lifelong pursuit, you will never truly reach a point where you are finished honing your craft. As you improve, you will constantly set new and more challenging goals for yourself. With that in mind, it's important to learn to enjoy the process rather than merely the results. Take joy in little victories along the way as you meet your goals and look forward to the next ones.

How to Use This Book

This journal is designed to help you make the most of your practice time by encouraging you to set goals, track your progress, log your time, and push yourself toward mastery. Here's how to use each part of the journal to set yourself up for success.

Repertoire List

Use these pages to keep a running record of the pieces you've learned. Write down the title and composer of each piece, as well as the date you added it to the list. Check the "M" box when the piece is memorized, and watch as your list of songs grows. Don't worry about filling up the entire list. Remember, quality is more important than quantity.

The Year Ahead

This section will help you reflect on where you are now as a musician and where you want to be a year from now. Use it to set realistic goals in specific areas and make a plan for what you will do to get there. Refer back to these goals throughout the year as you plan what you will work on each month.

Practice Log

This is the heart of the journal, where you keep track of your daily practice. The practice log is divided into 12 monthly sections. These are undated, so it doesn't matter whether you're starting in January or July. Write in the month whenever you're ready to start, and watch as your playing improves over the next year.

At the beginning of each month, "The Month Ahead" will ask you to set smaller monthly goals. You also have room for notes and some blank musical staves, chord diagrams, and fretboard diagrams if you want to write down any exercises to work on.

Next, you'll find daily log spaces. Each month contains 31 of these, but you won't need all 31 each month. Just fill out as many as you need. Each day, you'll have a chance to write down what you did for technique and repertoire practice, along with the time spent on each. The following page gives an example.

At the end of each month, the "Month in Review" gives you space to reflect on the past month's accomplishments and challenges.

DAY 1		Time:
Technique:		
○ Major and blues scales		10 min
○ Hammer-on and pull-off exercises		10 min
○ _____		_____
Repertoire:		
○ "Johnny B Goode"- opening riff- focus on slides and bends		15 min
○ "In My Life"- work on rhythm/strum pattern		10 min
○ _____		_____
Notes: work on getting "Johnny B Goode" up to tempo		Total Time: 45 min

Year in Review

After Month 12, you'll find the "Year in Review." Here, you'll be invited to reflect on your growth as a musician over the past year. What went well? What were your challenges? Did you meet your goals? What do you hope to work on more next year?

Bonus Material

At the back of this journal, you'll find reference material to provide you with important musical terms, commonly-used chords, a fretboard chart, and a guide to the circle of fifths at your fingertips. The less time you spend searching for information you need, the more time you'll have to practice!

Behind that, you'll find a notes section and several pages of blank staff paper to use however you want.

We hope that at the end of the year, you find that consistent practice has strengthened your skills as a musician and given you the motivation to continue to pursue your craft. If this journal has helped you through the year, pick up another and let us continue with you for another 12 months of your musical journey.

Repertoire List

Keep a running record of the pieces you've learned. Check the "M" box when you have the piece memorized.

#	Title	Composer	Date	M
1				
2				
3				
4				
5				
6				
7				
8				
9				
10				
11				
12				
13				
14				
15				
16				
17				
18				
19				
20				

#	Title	Composer	Date	M
21				
22				
23				
24				
25				
26				
27				
28				
29				
30				
31				
32				
33				
34				
35				
36				
37				
38				
39				
40				

The Year Ahead

The Year Ahead

Think about where you are now and where you want to be a year from now in your playing. Use the following pages to set goals and make a plan for reaching them.

Starting Point

Right now, my biggest strengths are:

Right now, my biggest areas of weakness are:

My current practice habits are:

This year, I want to my practice habits to be:

Technique Goals

This year, I want to become better at:

I plan on getting there by:

Repertoire Goals

This year, I want to keep working on these pieces:

This year, I want to add these new pieces:

Other Goals

Other goals I have for this year are:

Practice Log

The Month Ahead: _____
(month)

Technique

Next month, I will continue working on:

Next month, I will begin working on:

Repertoire

Next month, I will continue working on:

Next month, I will begin working on:

The Month Ahead: _____

(month)

Month 1

Other Goals

Next month, I will continue working on:

Next month, I will begin working on:

Notes

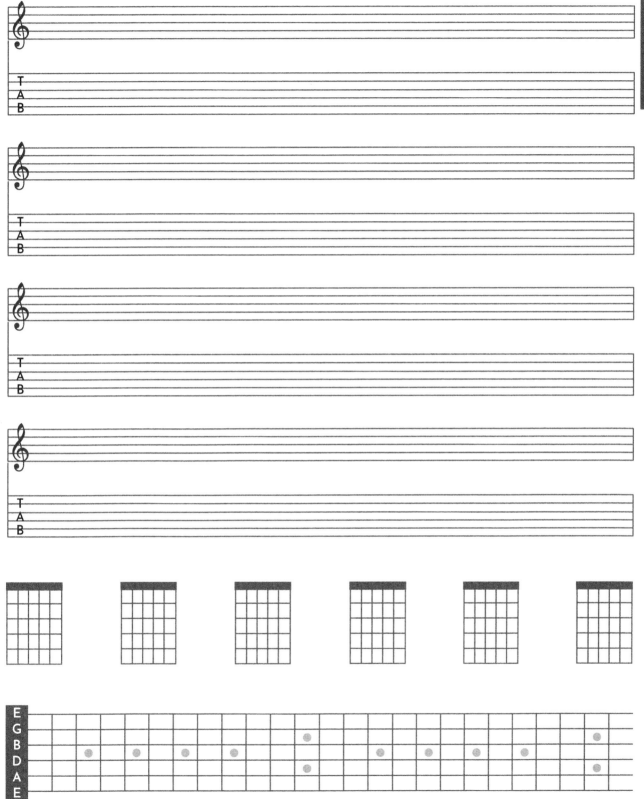

Month 1

DAY 1

Technique:
- ○ _____
- ○ _____
- ○ _____

Repertoire:
- ○ _____
- ○ _____
- ○ _____

Notes: _____

Time: _____

Total Time:

DAY 2

Technique:
- ○ _____
- ○ _____
- ○ _____

Repertoire:
- ○ _____
- ○ _____
- ○ _____

Notes: _____

Time: _____

Total Time:

DAY 3

Technique:
- ○ _____
- ○ _____
- ○ _____

Repertoire:
- ○ _____
- ○ _____
- ○ _____

Notes: _____

Time: _____

Total Time:

DAY 4

Time:

Technique:
- _____
- _____
- _____

Repertoire:
- _____
- _____
- _____

Notes:

Total Time:

DAY 5

Time:

Technique:
- _____
- _____
- _____

Repertoire:
- _____
- _____
- _____

Notes:

Total Time:

DAY 6

Time:

Technique:
- _____
- _____
- _____

Repertoire:
- _____
- _____
- _____

Notes:

Total Time:

Month 1

Month 1

DAY 7

Time:

Technique:
- ○ _____
- ○ _____
- ○ _____

Repertoire:
- ○ _____
- ○ _____
- ○ _____

Notes:
_____
_____

Total Time:

DAY 8

Time:

Technique:
- ○ _____
- ○ _____
- ○ _____

Repertoire:
- ○ _____
- ○ _____
- ○ _____

Notes:
_____
_____

Total Time:

DAY 9

Time:

Technique:
- ○ _____
- ○ _____
- ○ _____

Repertoire:
- ○ _____
- ○ _____
- ○ _____

Notes:
_____
_____

Total Time:

DAY 10

Time:

Technique:
- ○ _____
- ○ _____
- ○ _____

Repertoire:
- ○ _____
- ○ _____
- ○ _____

Notes:

Total Time:

DAY 11

Time:

Technique:
- ○ _____
- ○ _____
- ○ _____

Repertoire:
- ○ _____
- ○ _____
- ○ _____

Notes:

Total Time:

DAY 12

Time:

Technique:
- ○ _____
- ○ _____
- ○ _____

Repertoire:
- ○ _____
- ○ _____
- ○ _____

Notes:

Total Time:

Month 1

DAY 13

Time:

Technique:
- ○ _____
- ○ _____
- ○ _____

Repertoire:
- ○ _____
- ○ _____
- ○ _____

Notes:
_____
_____

Total Time:

DAY 14

Time:

Technique:
- ○ _____
- ○ _____
- ○ _____

Repertoire:
- ○ _____
- ○ _____
- ○ _____

Notes:
_____
_____

Total Time:

DAY 15

Time:

Technique:
- ○ _____
- ○ _____
- ○ _____

Repertoire:
- ○ _____
- ○ _____
- ○ _____

Notes:
_____
_____

Total Time:

DAY 16

Technique:
- ☐
- ☐
- ☐

Repertoire:
- ☐
- ☐
- ☐

Notes:

Time:

Total Time:

DAY 17

Technique:
- ☐
- ☐
- ☐

Repertoire:
- ☐
- ☐
- ☐

Notes:

Time:

Total Time:

DAY 18

Technique:
- ☐
- ☐
- ☐

Repertoire:
- ☐
- ☐
- ☐

Notes:

Time:

Total Time:

Month 1

Month 1

DAY 19

Time:

Technique:
- _____
- _____
- _____

Repertoire:
- _____
- _____
- _____

Notes:
_____
_____

Total Time:

DAY 20

Time:

Technique:
- _____
- _____
- _____

Repertoire:
- _____
- _____
- _____

Notes:
_____
_____

Total Time:

DAY 21

Time:

Technique:
- _____
- _____
- _____

Repertoire:
- _____
- _____
- _____

Notes:
_____
_____

Total Time:

DAY 22

Time:

Technique:
- ○ _____
- ○ _____
- ○ _____

Repertoire:
- ○ _____
- ○ _____
- ○ _____

Notes:

Total Time:

DAY 23

Time:

Technique:
- ○ _____
- ○ _____
- ○ _____

Repertoire:
- ○ _____
- ○ _____
- ○ _____

Notes:

Total Time:

DAY 24

Time:

Technique:
- ○ _____
- ○ _____
- ○ _____

Repertoire:
- ○ _____
- ○ _____
- ○ _____

Notes:

Total Time:

Month 1

Month 1

DAY 25

Time:

Technique:
- ○ _____
- ○ _____
- ○ _____

Repertoire:
- ○ _____
- ○ _____
- ○ _____

Notes:
_____
_____

Total Time:

DAY 26

Time:

Technique:
- ○ _____
- ○ _____
- ○ _____

Repertoire:
- ○ _____
- ○ _____
- ○ _____

Notes:
_____
_____

Total Time:

DAY 27

Time:

Technique:
- ○ _____
- ○ _____
- ○ _____

Repertoire:
- ○ _____
- ○ _____
- ○ _____

Notes:
_____
_____

Total Time:

DAY 28

Technique:
-
-
-

Repertoire:
-
-
-

Notes:

Time:

Total Time:

DAY 29

Technique:
-
-
-

Repertoire:
-
-
-

Notes:

Time:

Total Time:

DAY 30

Technique:
-
-
-

Repertoire:
-
-
-

Notes:

Time:

Total Time:

Month 1

Month 1

DAY 31

Technique:
- _____
- _____
- _____

Repertoire:
- _____
- _____
- _____

Notes:
_____
_____

Time:
___
___
___

___
___
___

Total Time:

Month in Review

This month's accomplishments:

This month's challenges:

The Month Ahead: _____
(month)

Technique

Next month, I will continue working on:

Next month, I will begin working on:

Repertoire

Next month, I will continue working on:

Next month, I will begin working on:

Month 2

The Month Ahead: _____
(month)

Month 2

Other Goals

Next month, I will continue working on:

Next month, I will begin working on:

Notes

Month 2

Month 2

DAY 1

Technique:
- ○ _____
- ○ _____
- ○ _____

Repertoire:
- ○ _____
- ○ _____
- ○ _____

Notes: _____

Time: _____

Total Time:

DAY 2

Technique:
- ○ _____
- ○ _____
- ○ _____

Repertoire:
- ○ _____
- ○ _____
- ○ _____

Notes: _____

Time: _____

Total Time:

DAY 3

Technique:
- ○ _____
- ○ _____
- ○ _____

Repertoire:
- ○ _____
- ○ _____
- ○ _____

Notes: _____

Time: _____

Total Time:

DAY 4

Time:

Technique:
- ○ _____
- ○ _____
- ○ _____

Repertoire:
- ○ _____
- ○ _____
- ○ _____

Notes:

Total Time:

Month 2

DAY 5

Time:

Technique:
- ○ _____
- ○ _____
- ○ _____

Repertoire:
- ○ _____
- ○ _____
- ○ _____

Notes:

Total Time:

DAY 6

Time:

Technique:
- ○ _____
- ○ _____
- ○ _____

Repertoire:
- ○ _____
- ○ _____
- ○ _____

Notes:

Total Time:

Month 2

DAY 7

Time:

Technique:
- ○ _____
- ○ _____
- ○ _____

Repertoire:
- ○ _____
- ○ _____
- ○ _____

Notes:
_____

Total Time:

DAY 8

Time:

Technique:
- ○ _____
- ○ _____
- ○ _____

Repertoire:
- ○ _____
- ○ _____
- ○ _____

Notes:
_____

Total Time:

DAY 9

Time:

Technique:
- ○ _____
- ○ _____
- ○ _____

Repertoire:
- ○ _____
- ○ _____
- ○ _____

Notes:
_____

Total Time:

DAY 10

Time:

Technique:
- ○ _____
- ○ _____
- ○ _____

Repertoire:
- ○ _____
- ○ _____
- ○ _____

Notes:

Total Time:

Month 2

DAY 11

Time:

Technique:
- ○ _____
- ○ _____
- ○ _____

Repertoire:
- ○ _____
- ○ _____
- ○ _____

Notes:

Total Time:

DAY 12

Time:

Technique:
- ○ _____
- ○ _____
- ○ _____

Repertoire:
- ○ _____
- ○ _____
- ○ _____

Notes:

Total Time:

Month 2

DAY 13

Time:

Technique:
- ○ _____
- ○ _____
- ○ _____

Repertoire:
- ○ _____
- ○ _____
- ○ _____

Notes:
_____
_____

Total Time:

DAY 14

Time:

Technique:
- ○ _____
- ○ _____
- ○ _____

Repertoire:
- ○ _____
- ○ _____
- ○ _____

Notes:
_____
_____

Total Time:

DAY 15

Time:

Technique:
- ○ _____
- ○ _____
- ○ _____

Repertoire:
- ○ _____
- ○ _____
- ○ _____

Notes:
_____
_____

Total Time:

DAY 16

Time:

Technique:
-
-
-

Repertoire:
-
-
-

Notes:

Total Time:

DAY 17

Time:

Technique:
-
-
-

Repertoire:
-
-
-

Notes:

Total Time:

DAY 18

Time:

Technique:
-
-
-

Repertoire:
-
-
-

Notes:

Total Time:

Month 2

Month 2

DAY 19

Time:

Technique:
- ○ _____
- ○ _____
- ○ _____

Repertoire:
- ○ _____
- ○ _____
- ○ _____

Notes:
_____
_____

Total Time:

DAY 20

Time:

Technique:
- ○ _____
- ○ _____
- ○ _____

Repertoire:
- ○ _____
- ○ _____
- ○ _____

Notes:
_____
_____

Total Time:

DAY 21

Time:

Technique:
- ○ _____
- ○ _____
- ○ _____

Repertoire:
- ○ _____
- ○ _____
- ○ _____

Notes:
_____
_____

Total Time:

DAY 22

Time:

Technique:
- ○ _____
- ○ _____
- ○ _____

Repertoire:
- ○ _____
- ○ _____
- ○ _____

Notes:
_____
_____

Total Time:

Month 2

DAY 23

Time:

Technique:
- ○ _____
- ○ _____
- ○ _____

Repertoire:
- ○ _____
- ○ _____
- ○ _____

Notes:
_____
_____

Total Time:

DAY 24

Time:

Technique:
- ○ _____
- ○ _____
- ○ _____

Repertoire:
- ○ _____
- ○ _____
- ○ _____

Notes:
_____
_____

Total Time:

Month 2

DAY 25

Time:

Technique:
- ○ _____
- ○ _____
- ○ _____

Repertoire:
- ○ _____
- ○ _____
- ○ _____

Notes:
_____
_____

Total Time:

DAY 26

Time:

Technique:
- ○ _____
- ○ _____
- ○ _____

Repertoire:
- ○ _____
- ○ _____
- ○ _____

Notes:
_____
_____

Total Time:

DAY 27

Time:

Technique:
- ○ _____
- ○ _____
- ○ _____

Repertoire:
- ○ _____
- ○ _____
- ○ _____

Notes:
_____
_____

Total Time:

DAY 28

Time:

Technique:
-
-
-

Repertoire:
-
-
-

Notes:

Total Time:

DAY 29

Time:

Technique:
-
-
-

Repertoire:
-
-
-

Notes:

Total Time:

DAY 30

Time:

Technique:
-
-
-

Repertoire:
-
-
-

Notes:

Total Time:

Month 2

Month 2 • **DAY 31**

Technique:
- _____
- _____
- _____

Repertoire:
- _____
- _____
- _____

Notes:
_____
_____

Time:
_____
_____
_____

_____
_____
_____

Total Time:

Month in Review

This month's accomplishments:	This month's challenges:

The Month Ahead: _____
(month)

Technique

Next month, I will continue working on:

Next month, I will begin working on:

Repertoire

Next month, I will continue working on:

Next month, I will begin working on:

Month 3

The Month Ahead: _____
(month)

Other Goals

Next month, I will continue working on:

Next month, I will begin working on:

Month 3

Notes

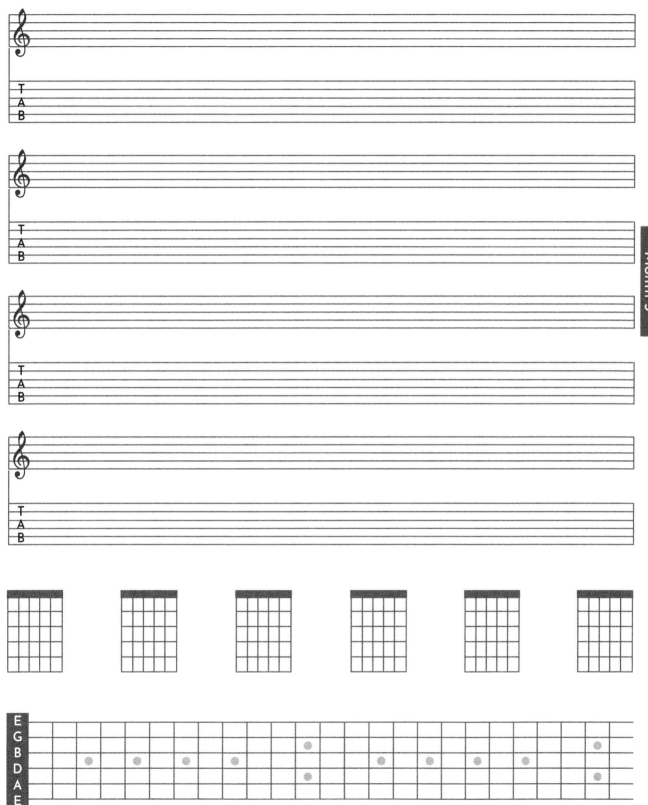

Month 3

DAY 1

Time:

Technique:
- ○ _____
- ○ _____
- ○ _____

Repertoire:
- ○ _____
- ○ _____
- ○ _____

Notes:
_____
_____

Total Time:

DAY 2

Time:

Technique:
- ○ _____
- ○ _____
- ○ _____

Repertoire:
- ○ _____
- ○ _____
- ○ _____

Notes:
_____
_____

Total Time:

DAY 3

Time:

Technique:
- ○ _____
- ○ _____
- ○ _____

Repertoire:
- ○ _____
- ○ _____
- ○ _____

Notes:
_____
_____

Total Time:

DAY 4

Time:

Technique:
- ○ _____
- ○ _____
- ○ _____

Repertoire:
- ○ _____
- ○ _____
- ○ _____

Notes:
_____
_____

Total Time:

DAY 5

Time:

Technique:
- ○ _____
- ○ _____
- ○ _____

Repertoire:
- ○ _____
- ○ _____
- ○ _____

Notes:
_____
_____

Total Time:

DAY 6

Time:

Technique:
- ○ _____
- ○ _____
- ○ _____

Repertoire:
- ○ _____
- ○ _____
- ○ _____

Notes:
_____
_____

Total Time:

Month 3

DAY 7

Time:

Technique:
- ○ _____
- ○ _____
- ○ _____

Repertoire:
- ○ _____
- ○ _____
- ○ _____

Notes:

Total Time:

DAY 8

Time:

Technique:
- ○ _____
- ○ _____
- ○ _____

Repertoire:
- ○ _____
- ○ _____
- ○ _____

Notes:

Total Time:

DAY 9

Time:

Technique:
- ○ _____
- ○ _____
- ○ _____

Repertoire:
- ○ _____
- ○ _____
- ○ _____

Notes:

Total Time:

DAY 10

Time:

Technique:
- _____
- _____
- _____

Repertoire:
- _____
- _____
- _____

Notes:
_____
_____

Total Time:

DAY 11

Time:

Technique:
- _____
- _____
- _____

Repertoire:
- _____
- _____
- _____

Notes:
_____
_____

Total Time:

DAY 12

Time:

Technique:
- _____
- _____
- _____

Repertoire:
- _____
- _____
- _____

Notes:
_____
_____

Total Time:

Month 3

Month 3

DAY 13

Time:

Technique:
- ○ _____
- ○ _____
- ○ _____

Repertoire:
- ○ _____
- ○ _____
- ○ _____

Notes:
_____
_____

Total Time:

DAY 14

Time:

Technique:
- ○ _____
- ○ _____
- ○ _____

Repertoire:
- ○ _____
- ○ _____
- ○ _____

Notes:
_____
_____

Total Time:

DAY 15

Time:

Technique:
- ○ _____
- ○ _____
- ○ _____

Repertoire:
- ○ _____
- ○ _____
- ○ _____

Notes:
_____
_____

Total Time:

DAY 16

Time:

Technique:
- ○ _____
- ○ _____
- ○ _____

Repertoire:
- ○ _____
- ○ _____
- ○ _____

Notes:
_____
_____

Total Time:

DAY 17

Time:

Technique:
- ○ _____
- ○ _____
- ○ _____

Repertoire:
- ○ _____
- ○ _____
- ○ _____

Notes:
_____
_____

Total Time:

DAY 18

Time:

Technique:
- ○ _____
- ○ _____
- ○ _____

Repertoire:
- ○ _____
- ○ _____
- ○ _____

Notes:
_____
_____

Total Time:

Month 3

Month 3

DAY 19

Time:

Technique:
- _____
- _____
- _____

Repertoire:
- _____
- _____
- _____

Notes:
_____
_____

Total Time:

DAY 20

Time:

Technique:
- _____
- _____
- _____

Repertoire:
- _____
- _____
- _____

Notes:
_____
_____

Total Time:

DAY 21

Time:

Technique:
- _____
- _____
- _____

Repertoire:
- _____
- _____
- _____

Notes:
_____
_____

Total Time:

DAY 22

Time:

Technique:
- ○ _____
- ○ _____
- ○ _____

Repertoire:
- ○ _____
- ○ _____
- ○ _____

Notes:
_____
_____

Total Time:

DAY 23

Time:

Technique:
- ○ _____
- ○ _____
- ○ _____

Repertoire:
- ○ _____
- ○ _____
- ○ _____

Notes:
_____
_____

Total Time:

DAY 24

Time:

Technique:
- ○ _____
- ○ _____
- ○ _____

Repertoire:
- ○ _____
- ○ _____
- ○ _____

Notes:
_____
_____

Total Time:

Month 3

DAY 25

Time:

Technique:
- _____
- _____
- _____

Repertoire:
- _____
- _____
- _____

Notes:
_____
_____

Total Time:

DAY 26

Time:

Technique:
- _____
- _____
- _____

Repertoire:
- _____
- _____
- _____

Notes:
_____
_____

Total Time:

DAY 27

Time:

Technique:
- _____
- _____
- _____

Repertoire:
- _____
- _____
- _____

Notes:
_____
_____

Total Time:

DAY 28

Time:

Technique:
- ○ _____ _____
- ○ _____ _____
- ○ _____ _____

Repertoire:
- ○ _____ _____
- ○ _____ _____
- ○ _____ _____

Notes:
_____

| Total Time: |

DAY 29

Time:

Technique:
- ○ _____ _____
- ○ _____ _____
- ○ _____ _____

Repertoire:
- ○ _____ _____
- ○ _____ _____
- ○ _____ _____

Notes:
_____

| Total Time: |

DAY 30

Time:

Technique:
- ○ _____ _____
- ○ _____ _____
- ○ _____ _____

Repertoire:
- ○ _____ _____
- ○ _____ _____
- ○ _____ _____

Notes:
_____

| Total Time: |

Month 3

DAY 31

Month 3

Technique:
- ○ _____
- ○ _____
- ○ _____

Repertoire:
- ○ _____
- ○ _____
- ○ _____

Notes:
_____
_____

Time:
_____
_____
_____

_____
_____
_____

Total Time:

Month in Review

This month's accomplishments:	This month's challenges:

The Month Ahead: _____
(month)

Technique

Next month, I will continue working on:

Next month, I will begin working on:

Repertoire

Next month, I will continue working on:

Next month, I will begin working on:

Month 4

The Month Ahead: _____
(month)

Other Goals

Next month, I will continue working on:

Next month, I will begin working on:

Notes

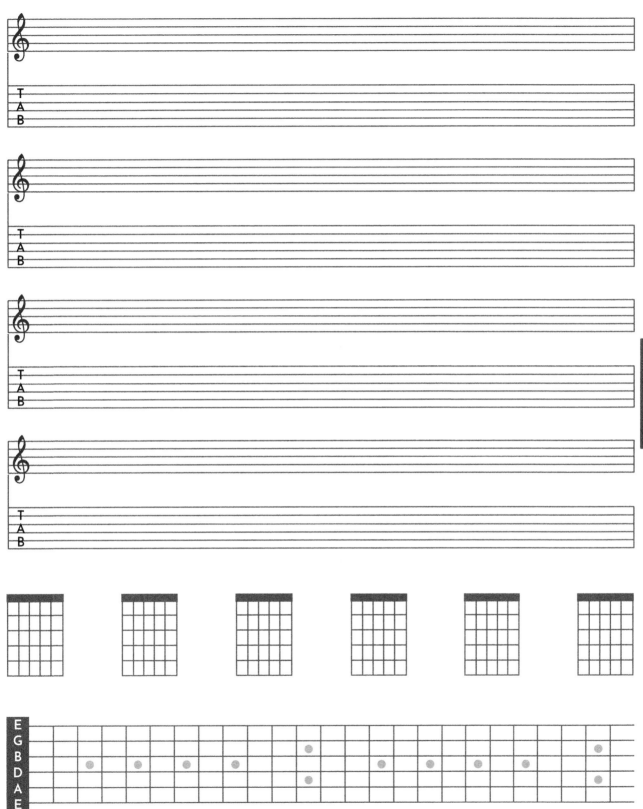

Month 4

DAY 1

Time:

Technique:
- ○ _____
- ○ _____
- ○ _____

Repertoire:
- ○ _____
- ○ _____
- ○ _____

Notes:
_____
_____

Total Time:

DAY 2

Time:

Technique:
- ○ _____
- ○ _____
- ○ _____

Repertoire:
- ○ _____
- ○ _____
- ○ _____

Notes:
_____
_____

Total Time:

DAY 3

Time:

Technique:
- ○ _____
- ○ _____
- ○ _____

Repertoire:
- ○ _____
- ○ _____
- ○ _____

Notes:
_____
_____

Total Time:

DAY 4

Time:

Technique:
- ○ _____
- ○ _____
- ○ _____

Repertoire:
- ○ _____
- ○ _____
- ○ _____

Notes:

Total Time:

DAY 5

Time:

Technique:
- ○ _____
- ○ _____
- ○ _____

Repertoire:
- ○ _____
- ○ _____
- ○ _____

Notes:

Total Time:

Month 4

DAY 6

Time:

Technique:
- ○ _____
- ○ _____
- ○ _____

Repertoire:
- ○ _____
- ○ _____
- ○ _____

Notes:

Total Time:

DAY 7

Time:

Technique:
- ○ _____
- ○ _____
- ○ _____

Repertoire:
- ○ _____
- ○ _____
- ○ _____

Notes:
_____

Total Time:

DAY 8

Time:

Technique:
- ○ _____
- ○ _____
- ○ _____

Repertoire:
- ○ _____
- ○ _____
- ○ _____

Notes:
_____

Total Time:

DAY 9

Time:

Technique:
- ○ _____
- ○ _____
- ○ _____

Repertoire:
- ○ _____
- ○ _____
- ○ _____

Notes:
_____

Total Time:

Month 4

DAY 10

Time:

Technique:
- ○ _____
- ○ _____
- ○ _____

Repertoire:
- ○ _____
- ○ _____
- ○ _____

Notes:
_____
_____

Total Time:

DAY 11

Time:

Technique:
- ○ _____
- ○ _____
- ○ _____

Repertoire:
- ○ _____
- ○ _____
- ○ _____

Notes:
_____
_____

Total Time:

DAY 12

Time:

Technique:
- ○ _____
- ○ _____
- ○ _____

Repertoire:
- ○ _____
- ○ _____
- ○ _____

Notes:
_____
_____

Total Time:

Month 4

DAY 13

Technique:
-
-
-

Repertoire:
-
-
-

Notes:

Time:

Total Time:

DAY 14

Technique:
-
-
-

Repertoire:
-
-
-

Notes:

Time:

Total Time:

DAY 15

Technique:
-
-
-

Repertoire:
-
-
-

Notes:

Time:

Total Time:

DAY 16

Time:

Technique:
- ○ _____
- ○ _____
- ○ _____

Repertoire:
- ○ _____
- ○ _____
- ○ _____

Notes:
_____
_____

Total Time:

DAY 17

Time:

Technique:
- ○ _____
- ○ _____
- ○ _____

Repertoire:
- ○ _____
- ○ _____
- ○ _____

Notes:
_____
_____

Total Time:

DAY 18

Time:

Technique:
- ○ _____
- ○ _____
- ○ _____

Repertoire:
- ○ _____
- ○ _____
- ○ _____

Notes:
_____
_____

Total Time:

Month 4

DAY 19

Time:

Technique:
- ○ _____
- ○ _____
- ○ _____

Repertoire:
- ○ _____
- ○ _____
- ○ _____

Notes:

Total Time:

DAY 20

Time:

Technique:
- ○ _____
- ○ _____
- ○ _____

Repertoire:
- ○ _____
- ○ _____
- ○ _____

Notes:

Total Time:

DAY 21

Time:

Technique:
- ○ _____
- ○ _____
- ○ _____

Repertoire:
- ○ _____
- ○ _____
- ○ _____

Notes:

Total Time:

DAY 22

Time:

Technique:
- ○ _____
- ○ _____
- ○ _____

Repertoire:
- ○ _____
- ○ _____
- ○ _____

Notes:

Total Time:

DAY 23

Time:

Technique:
- ○ _____
- ○ _____
- ○ _____

Repertoire:
- ○ _____
- ○ _____
- ○ _____

Notes:

Total Time:

DAY 24

Time:

Technique:
- ○ _____
- ○ _____
- ○ _____

Repertoire:
- ○ _____
- ○ _____
- ○ _____

Notes:

Total Time:

Month 4

DAY 25

Time:

Technique:
-
-
-

Repertoire:
-
-
-

Notes:

Total Time:

DAY 26

Time:

Technique:
-
-
-

Repertoire:
-
-
-

Notes:

Total Time:

DAY 27

Time:

Technique:
-
-
-

Repertoire:
-
-
-

Notes:

Total Time:

DAY 28

Technique:
-
-
-

Repertoire:
-
-
-

Notes:

Time:

Total Time:

DAY 29

Technique:
-
-
-

Repertoire:
-
-
-

Notes:

Time:

Total Time:

DAY 30

Technique:
-
-
-

Repertoire:
-
-
-

Notes:

Time:

Total Time:

DAY 31

Technique:
- _____
- _____
- _____

Repertoire:
- _____
- _____
- _____

Notes:
_____
_____

Time:
___
___
___

___
___
___

Total Time:

Month in Review

This month's accomplishments:

This month's challenges:

The Month Ahead: _____
(month)

Technique

Next month, I will continue working on:

Next month, I will begin working on:

Repertoire

Next month, I will continue working on:

Next month, I will begin working on:

Month 5

The Month Ahead: _____
(month)

Other Goals

Next month, I will continue working on:

Next month, I will begin working on:

Month 5

Notes

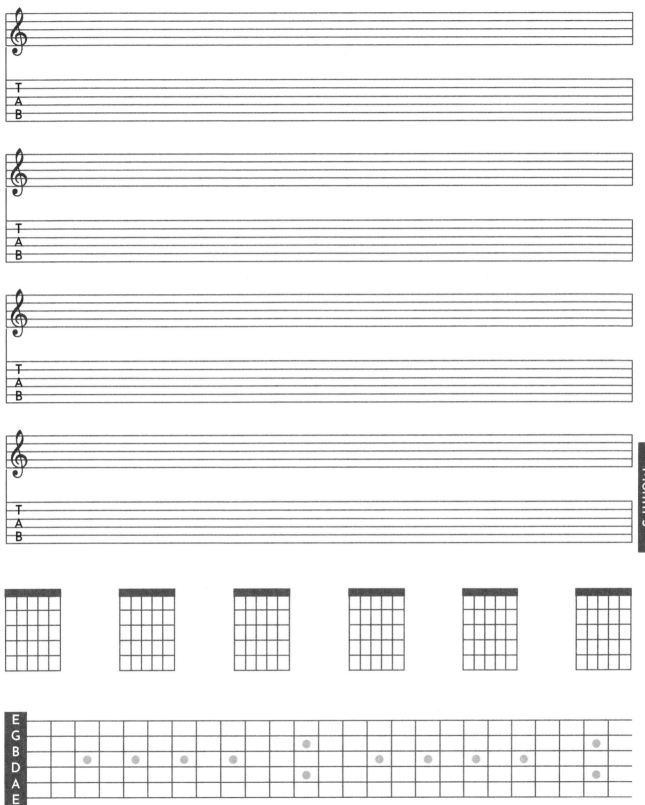

DAY 1

Time:

Technique:
- ○ _____
- ○ _____
- ○ _____

Repertoire:
- ○ _____
- ○ _____
- ○ _____

Notes:
_____
_____

Total Time:

DAY 2

Time:

Technique:
- ○ _____
- ○ _____
- ○ _____

Repertoire:
- ○ _____
- ○ _____
- ○ _____

Notes:
_____
_____

Total Time:

DAY 3

Time:

Technique:
- ○ _____
- ○ _____
- ○ _____

Repertoire:
- ○ _____
- ○ _____
- ○ _____

Notes:
_____
_____

Total Time:

DAY 4

Time:

Technique:
- ○ _____
- ○ _____
- ○ _____

Repertoire:
- ○ _____
- ○ _____
- ○ _____

Notes:
_____
_____

Total Time:

DAY 5

Time:

Technique:
- ○ _____
- ○ _____
- ○ _____

Repertoire:
- ○ _____
- ○ _____
- ○ _____

Notes:
_____
_____

Total Time:

DAY 6

Time:

Technique:
- ○ _____
- ○ _____
- ○ _____

Repertoire:
- ○ _____
- ○ _____
- ○ _____

Notes:
_____
_____

Total Time:

Month 5

DAY 7

Technique:
- ○
- ○
- ○

Repertoire:
- ○
- ○
- ○

Notes:

Time:

Total Time:

DAY 8

Technique:
- ○
- ○
- ○

Repertoire:
- ○
- ○
- ○

Notes:

Time:

Total Time:

DAY 9

Technique:
- ○
- ○
- ○

Repertoire:
- ○
- ○
- ○

Notes:

Time:

Total Time:

DAY 10

Time:

Technique:
-
-
-

Repertoire:
-
-
-

Notes:

Total Time:

DAY 11

Time:

Technique:
-
-
-

Repertoire:
-
-
-

Notes:

Total Time:

DAY 12

Time:

Technique:
-
-
-

Repertoire:
-
-
-

Notes:

Total Time:

DAY 13

Time:

Technique:
- ○ _____
- ○ _____
- ○ _____

Repertoire:
- ○ _____
- ○ _____
- ○ _____

Notes:
_____
_____

Total Time:

DAY 14

Time:

Technique:
- ○ _____
- ○ _____
- ○ _____

Repertoire:
- ○ _____
- ○ _____
- ○ _____

Notes:
_____
_____

Total Time:

DAY 15

Time:

Technique:
- ○ _____
- ○ _____
- ○ _____

Repertoire:
- ○ _____
- ○ _____
- ○ _____

Notes:
_____
_____

Total Time:

DAY 16

Time:

Technique:
- ○ _____
- ○ _____
- ○ _____

Repertoire:
- ○ _____
- ○ _____
- ○ _____

Notes:
_____
_____

Total Time:

DAY 17

Time:

Technique:
- ○ _____
- ○ _____
- ○ _____

Repertoire:
- ○ _____
- ○ _____
- ○ _____

Notes:
_____
_____

Total Time:

DAY 18

Time:

Technique:
- ○ _____
- ○ _____
- ○ _____

Repertoire:
- ○ _____
- ○ _____
- ○ _____

Notes:
_____
_____

Total Time:

DAY 19

Time:

Technique:
- ○ _____
- ○ _____
- ○ _____

Repertoire:
- ○ _____
- ○ _____
- ○ _____

Notes:
_____
_____

Total Time:

DAY 20

Time:

Technique:
- ○ _____
- ○ _____
- ○ _____

Repertoire:
- ○ _____
- ○ _____
- ○ _____

Notes:
_____
_____

Total Time:

DAY 21

Time:

Technique:
- ○ _____
- ○ _____
- ○ _____

Repertoire:
- ○ _____
- ○ _____
- ○ _____

Notes:
_____
_____

Total Time:

DAY 22

Time:

Technique:
- ○
- ○
- ○

Repertoire:
- ○
- ○
- ○

Notes:

Total Time:

DAY 23

Time:

Technique:
- ○
- ○
- ○

Repertoire:
- ○
- ○
- ○

Notes:

Total Time:

DAY 24

Time:

Technique:
- ○
- ○
- ○

Repertoire:
- ○
- ○
- ○

Notes:

Total Time:

Month 5

DAY 25

Time:

Technique:
- ○ _____
- ○ _____
- ○ _____

Repertoire:
- ○ _____
- ○ _____
- ○ _____

Notes:
_____
_____

Total Time:

DAY 26

Time:

Technique:
- ○ _____
- ○ _____
- ○ _____

Repertoire:
- ○ _____
- ○ _____
- ○ _____

Notes:
_____
_____

Total Time:

DAY 27

Time:

Technique:
- ○ _____
- ○ _____
- ○ _____

Repertoire:
- ○ _____
- ○ _____
- ○ _____

Notes:
_____
_____

Total Time:

Month 5

DAY 28

Time:

Technique:
- ○ _____
- ○ _____
- ○ _____

Repertoire:
- ○ _____
- ○ _____
- ○ _____

Notes:
_____

Total Time:

DAY 29

Time:

Technique:
- ○ _____
- ○ _____
- ○ _____

Repertoire:
- ○ _____
- ○ _____
- ○ _____

Notes:
_____

Total Time:

DAY 30

Time:

Technique:
- ○ _____
- ○ _____
- ○ _____

Repertoire:
- ○ _____
- ○ _____
- ○ _____

Notes:
_____

Total Time:

Month 5

DAY 31

Technique:
- ○ _____
- ○ _____
- ○ _____

Repertoire:
- ○ _____
- ○ _____
- ○ _____

Notes:
_____
_____

Time:
_____
_____
_____

_____
_____
_____

Total Time:

Month in Review

This month's accomplishments:	This month's challenges:

Month 5

The Month Ahead: _____
(month)

Technique

Next month, I will continue working on:

Next month, I will begin working on:

Repertoire

Next month, I will continue working on:

Next month, I will begin working on:

The Month Ahead: _____
(month)

Other Goals

Next month, I will continue working on:

Next month, I will begin working on:

Notes

Month 6

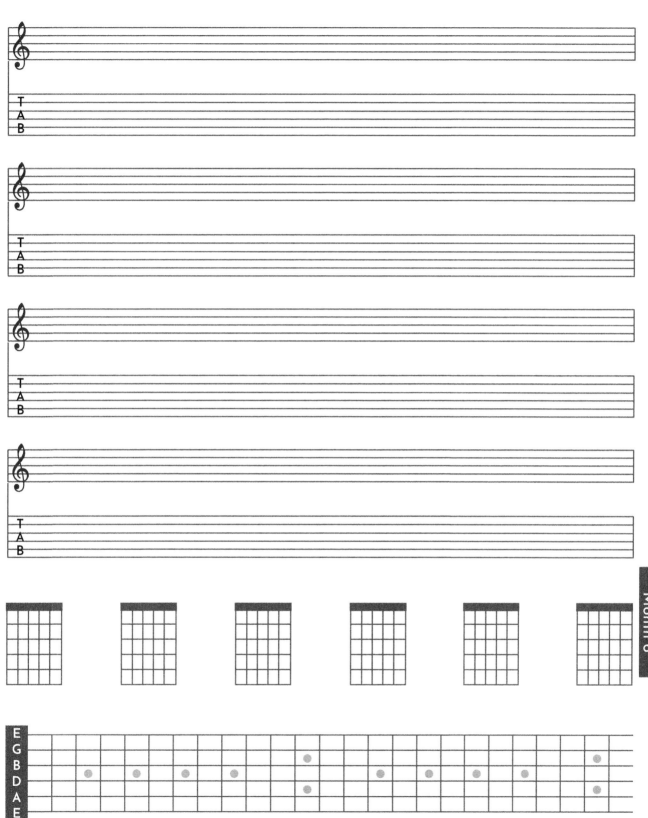

DAY 1

Technique:
-
-
-

Repertoire:
-
-
-

Notes:

Time:

Total Time:

DAY 2

Technique:
-
-
-

Repertoire:
-
-
-

Notes:

Time:

Total Time:

DAY 3

Technique:
-
-
-

Repertoire:
-
-
-

Notes:

Time:

Total Time:

Month 6

DAY 4

Time:

Technique:
- ○ _____
- ○ _____
- ○ _____

Repertoire:
- ○ _____
- ○ _____
- ○ _____

Notes:

Total Time:

DAY 5

Time:

Technique:
- ○ _____
- ○ _____
- ○ _____

Repertoire:
- ○ _____
- ○ _____
- ○ _____

Notes:

Total Time:

DAY 6

Time:

Technique:
- ○ _____
- ○ _____
- ○ _____

Repertoire:
- ○ _____
- ○ _____
- ○ _____

Notes:

Total Time:

Month 6

DAY 7

Time:

Technique:
- ○ _____
- ○ _____
- ○ _____

Repertoire:
- ○ _____
- ○ _____
- ○ _____

Notes:
_____
_____

Total Time:

DAY 8

Time:

Technique:
- ○ _____
- ○ _____
- ○ _____

Repertoire:
- ○ _____
- ○ _____
- ○ _____

Notes:
_____
_____

Total Time:

DAY 9

Time:

Technique:
- ○ _____
- ○ _____
- ○ _____

Repertoire:
- ○ _____
- ○ _____
- ○ _____

Notes:
_____
_____

Total Time:

DAY 10

Time:

Technique:
- ○
- ○
- ○

Repertoire:
- ○
- ○
- ○

Notes:

Total Time:

DAY 11

Time:

Technique:
- ○
- ○
- ○

Repertoire:
- ○
- ○
- ○

Notes:

Total Time:

DAY 12

Time:

Technique:
- ○
- ○
- ○

Repertoire:
- ○
- ○
- ○

Notes:

Total Time:

Month 6

DAY 13

Time:

Technique:
- ○ _____
- ○ _____
- ○ _____

Repertoire:
- ○ _____
- ○ _____
- ○ _____

Notes:
_____
_____

Total Time:

DAY 14

Time:

Technique:
- ○ _____
- ○ _____
- ○ _____

Repertoire:
- ○ _____
- ○ _____
- ○ _____

Notes:
_____
_____

Total Time:

DAY 15

Time:

Technique:
- ○ _____
- ○ _____
- ○ _____

Repertoire:
- ○ _____
- ○ _____
- ○ _____

Notes:
_____
_____

Total Time:

DAY 16

Time:

Technique:
- ○ _____
- ○ _____
- ○ _____

Repertoire:
- ○ _____
- ○ _____
- ○ _____

Notes:

Total Time:

DAY 17

Time:

Technique:
- ○ _____
- ○ _____
- ○ _____

Repertoire:
- ○ _____
- ○ _____
- ○ _____

Notes:

Total Time:

DAY 18

Time:

Technique:
- ○ _____
- ○ _____
- ○ _____

Repertoire:
- ○ _____
- ○ _____
- ○ _____

Notes:

Total Time:

DAY 19

Time:

Technique:
- ○ _____
- ○ _____
- ○ _____

Repertoire:
- ○ _____
- ○ _____
- ○ _____

Notes:
_____
_____

Total Time:

DAY 20

Time:

Technique:
- ○ _____
- ○ _____
- ○ _____

Repertoire:
- ○ _____
- ○ _____
- ○ _____

Notes:
_____
_____

Total Time:

DAY 21

Time:

Technique:
- ○ _____
- ○ _____
- ○ _____

Repertoire:
- ○ _____
- ○ _____
- ○ _____

Notes:
_____
_____

Total Time:

DAY 22

Time:

Technique:
- ○ _____
- ○ _____
- ○ _____

Repertoire:
- ○ _____
- ○ _____
- ○ _____

Notes:
_____
_____

Total Time:

DAY 23

Time:

Technique:
- ○ _____
- ○ _____
- ○ _____

Repertoire:
- ○ _____
- ○ _____
- ○ _____

Notes:
_____
_____

Total Time:

DAY 24

Time:

Technique:
- ○ _____
- ○ _____
- ○ _____

Repertoire:
- ○ _____
- ○ _____
- ○ _____

Notes:
_____
_____

Total Time:

DAY 25

Time:

Technique:
- ○ _____
- ○ _____
- ○ _____

Repertoire:
- ○ _____
- ○ _____
- ○ _____

Notes:

Total Time:

DAY 26

Time:

Technique:
- ○ _____
- ○ _____
- ○ _____

Repertoire:
- ○ _____
- ○ _____
- ○ _____

Notes:

Total Time:

DAY 27

Time:

Technique:
- ○ _____
- ○ _____
- ○ _____

Repertoire:
- ○ _____
- ○ _____
- ○ _____

Notes:

Total Time:

DAY 28

Time:

Technique:
- ○ _____
- ○ _____
- ○ _____

Repertoire:
- ○ _____
- ○ _____
- ○ _____

Notes:

Total Time:

DAY 29

Time:

Technique:
- ○ _____
- ○ _____
- ○ _____

Repertoire:
- ○ _____
- ○ _____
- ○ _____

Notes:

Total Time:

DAY 30

Time:

Technique:
- ○ _____
- ○ _____
- ○ _____

Repertoire:
- ○ _____
- ○ _____
- ○ _____

Notes:

Total Time:

Month 6

DAY 31

Technique:
- _____
- _____
- _____

Repertoire:
- _____
- _____
- _____

Notes:
_____
_____

Time:
_____
_____
_____
_____
_____
_____

Total Time:

Month in Review

This month's accomplishments:	This month's challenges:

The Month Ahead: _____
(month)

Technique

Next month, I will continue working on:

Next month, I will begin working on:

Repertoire

Next month, I will continue working on:

Next month, I will begin working on:

Month 7

The Month Ahead: _____
(month)

Other Goals

Next month, I will continue working on:

Next month, I will begin working on:

Notes

Month 7

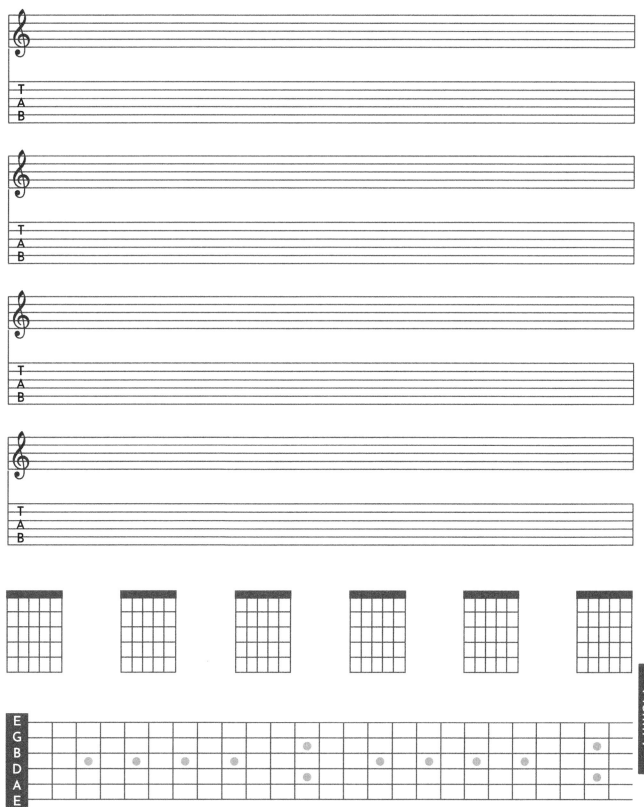

DAY 1

Technique:
- ○ _____
- ○ _____
- ○ _____

Repertoire:
- ○ _____
- ○ _____
- ○ _____

Notes:
_____
_____

Time:
_____
_____
_____
_____
_____
_____

Total Time:

DAY 2

Technique:
- ○ _____
- ○ _____
- ○ _____

Repertoire:
- ○ _____
- ○ _____
- ○ _____

Notes:
_____
_____

Time:
_____
_____
_____
_____
_____
_____

Total Time:

DAY 3

Technique:
- ○ _____
- ○ _____
- ○ _____

Repertoire:
- ○ _____
- ○ _____
- ○ _____

Notes:
_____
_____

Time:
_____
_____
_____
_____
_____
_____

Total Time:

DAY 4

Time:

Technique:
- ○ _____
- ○ _____
- ○ _____

Repertoire:
- ○ _____
- ○ _____
- ○ _____

Notes:
_____
_____

Total Time:

DAY 5

Time:

Technique:
- ○ _____
- ○ _____
- ○ _____

Repertoire:
- ○ _____
- ○ _____
- ○ _____

Notes:
_____
_____

Total Time:

DAY 6

Time:

Technique:
- ○ _____
- ○ _____
- ○ _____

Repertoire:
- ○ _____
- ○ _____
- ○ _____

Notes:
_____
_____

Total Time:

Month 7

DAY 7

Technique:
-
-
-

Repertoire:
-
-
-

Notes:

Time:

Total Time:

DAY 8

Technique:
-
-
-

Repertoire:
-
-
-

Notes:

Time:

Total Time:

DAY 9

Technique:
-
-
-

Repertoire:
-
-
-

Notes:

Time:

Total Time:

DAY 10

Time:

Technique:
- ○ _____
- ○ _____
- ○ _____

Repertoire:
- ○ _____
- ○ _____
- ○ _____

Notes:

Total Time:

DAY 11

Time:

Technique:
- ○ _____
- ○ _____
- ○ _____

Repertoire:
- ○ _____
- ○ _____
- ○ _____

Notes:

Total Time:

DAY 12

Time:

Technique:
- ○ _____
- ○ _____
- ○ _____

Repertoire:
- ○ _____
- ○ _____
- ○ _____

Notes:

Total Time:

DAY 13

Time:

Technique:
- ○ _____
- ○ _____
- ○ _____

Repertoire:
- ○ _____
- ○ _____
- ○ _____

Notes:
_____
_____

Total Time:

DAY 14

Time:

Technique:
- ○ _____
- ○ _____
- ○ _____

Repertoire:
- ○ _____
- ○ _____
- ○ _____

Notes:
_____
_____

Total Time:

DAY 15

Time:

Technique:
- ○ _____
- ○ _____
- ○ _____

Repertoire:
- ○ _____
- ○ _____
- ○ _____

Notes:
_____
_____

Total Time:

DAY 16

Time:

Technique:
- ○ _____
- ○ _____
- ○ _____

Repertoire:
- ○ _____
- ○ _____
- ○ _____

Notes:

Total Time:

DAY 17

Time:

Technique:
- ○ _____
- ○ _____
- ○ _____

Repertoire:
- ○ _____
- ○ _____
- ○ _____

Notes:

Total Time:

DAY 18

Time:

Technique:
- ○ _____
- ○ _____
- ○ _____

Repertoire:
- ○ _____
- ○ _____
- ○ _____

Notes:

Total Time:

Month 7

DAY 19

Time:

Technique:
- ○ _____
- ○ _____
- ○ _____

Repertoire:
- ○ _____
- ○ _____
- ○ _____

Notes:

Total Time:

DAY 20

Time:

Technique:
- ○ _____
- ○ _____
- ○ _____

Repertoire:
- ○ _____
- ○ _____
- ○ _____

Notes:

Total Time:

DAY 21

Time:

Technique:
- ○ _____
- ○ _____
- ○ _____

Repertoire:
- ○ _____
- ○ _____
- ○ _____

Notes:

Total Time:

DAY 22

Time:

Technique:
- ○ _____
- ○ _____
- ○ _____

Repertoire:
- ○ _____
- ○ _____
- ○ _____

Notes:
_____

Total Time:

DAY 23

Time:

Technique:
- ○ _____
- ○ _____
- ○ _____

Repertoire:
- ○ _____
- ○ _____
- ○ _____

Notes:
_____

Total Time:

DAY 24

Time:

Technique:
- ○ _____
- ○ _____
- ○ _____

Repertoire:
- ○ _____
- ○ _____
- ○ _____

Notes:
_____

Total Time:

DAY 25

Time:

Technique:
- ○ _____
- ○ _____
- ○ _____

Repertoire:
- ○ _____
- ○ _____
- ○ _____

Notes:
_____
_____

Total Time:

DAY 26

Time:

Technique:
- ○ _____
- ○ _____
- ○ _____

Repertoire:
- ○ _____
- ○ _____
- ○ _____

Notes:
_____
_____

Total Time:

DAY 27

Time:

Technique:
- ○ _____
- ○ _____
- ○ _____

Repertoire:
- ○ _____
- ○ _____
- ○ _____

Notes:
_____
_____

Total Time:

DAY 28

Time:

Technique:
- ○
- ○
- ○

Repertoire:
- ○
- ○
- ○

Notes:

Total Time:

DAY 29

Time:

Technique:
- ○
- ○
- ○

Repertoire:
- ○
- ○
- ○

Notes:

Total Time:

DAY 30

Time:

Technique:
- ○
- ○
- ○

Repertoire:
- ○
- ○
- ○

Notes:

Total Time:

Month 7

DAY 31

Technique:
- _____
- _____
- _____

Repertoire:
- _____
- _____
- _____

Notes:
_____
_____

Time:
_____
_____
_____
_____
_____
_____

Total Time:

Month in Review

This month's accomplishments:	This month's challenges:

The Month Ahead: _____
(month)

Technique

Next month, I will continue working on:

Next month, I will begin working on:

Repertoire

Next month, I will continue working on:

Next month, I will begin working on:

The Month Ahead: _____

(month)

Month 8

Other Goals

Next month, I will continue working on:

Next month, I will begin working on:

Notes

Month 8

Month 8

DAY 1

Technique:
- ○ _____
- ○ _____
- ○ _____

Repertoire:
- ○ _____
- ○ _____
- ○ _____

Notes:
_____
_____

Time:
_____
_____
_____
_____
_____
_____

Total Time:

DAY 2

Technique:
- ○ _____
- ○ _____
- ○ _____

Repertoire:
- ○ _____
- ○ _____
- ○ _____

Notes:
_____
_____

Time:
_____
_____
_____
_____
_____
_____

Total Time:

DAY 3

Technique:
- ○ _____
- ○ _____
- ○ _____

Repertoire:
- ○ _____
- ○ _____
- ○ _____

Notes:
_____
_____

Time:
_____
_____
_____
_____
_____
_____

Total Time:

Month 8

DAY 4

Time:

Technique:
- ○ _____
- ○ _____
- ○ _____

Repertoire:
- ○ _____
- ○ _____
- ○ _____

Notes:
_____
_____

Total Time:

DAY 5

Time:

Technique:
- ○ _____
- ○ _____
- ○ _____

Repertoire:
- ○ _____
- ○ _____
- ○ _____

Notes:
_____
_____

Total Time:

DAY 6

Time:

Technique:
- ○ _____
- ○ _____
- ○ _____

Repertoire:
- ○ _____
- ○ _____
- ○ _____

Notes:
_____
_____

Total Time:

Month 8

DAY 7

Technique:
- ○ _____
- ○ _____
- ○ _____

Repertoire:
- ○ _____
- ○ _____
- ○ _____

Notes:
_____

Time:
_____

Total Time:

DAY 8

Technique:
- ○ _____
- ○ _____
- ○ _____

Repertoire:
- ○ _____
- ○ _____
- ○ _____

Notes:
_____

Time:
_____

Total Time:

DAY 9

Technique:
- ○ _____
- ○ _____
- ○ _____

Repertoire:
- ○ _____
- ○ _____
- ○ _____

Notes:
_____

Time:
_____

Total Time:

DAY 10

Time:

Technique:
- ○
- ○
- ○

Repertoire:
- ○
- ○
- ○

Notes:

Total Time:

DAY 11

Time:

Technique:
- ○
- ○
- ○

Repertoire:
- ○
- ○
- ○

Notes:

Total Time:

DAY 12

Time:

Technique:
- ○
- ○
- ○

Repertoire:
- ○
- ○
- ○

Notes:

Total Time:

Month 8

Month 8

DAY 13

Technique:
- ○ _____
- ○ _____
- ○ _____

Repertoire:
- ○ _____
- ○ _____
- ○ _____

Notes:
_____
_____

Time:
_____
_____
_____
_____
_____
_____

Total Time:

DAY 14

Technique:
- ○ _____
- ○ _____
- ○ _____

Repertoire:
- ○ _____
- ○ _____
- ○ _____

Notes:
_____
_____

Time:
_____
_____
_____
_____
_____
_____

Total Time:

DAY 15

Technique:
- ○ _____
- ○ _____
- ○ _____

Repertoire:
- ○ _____
- ○ _____
- ○ _____

Notes:
_____
_____

Time:
_____
_____
_____
_____
_____
_____

Total Time:

DAY 16

Time:

Technique:
- ○ _____
- ○ _____
- ○ _____

Repertoire:
- ○ _____
- ○ _____
- ○ _____

Notes:

Total Time:

Month 8

DAY 17

Time:

Technique:
- ○ _____
- ○ _____
- ○ _____

Repertoire:
- ○ _____
- ○ _____
- ○ _____

Notes:

Total Time:

DAY 18

Time:

Technique:
- ○ _____
- ○ _____
- ○ _____

Repertoire:
- ○ _____
- ○ _____
- ○ _____

Notes:

Total Time:

Month 8

DAY 19

Technique:
- ○ _____
- ○ _____
- ○ _____

Repertoire:
- ○ _____
- ○ _____
- ○ _____

Notes:
_____
_____

Time: _____

Total Time:

DAY 20

Technique:
- ○ _____
- ○ _____
- ○ _____

Repertoire:
- ○ _____
- ○ _____
- ○ _____

Notes:
_____
_____

Time: _____

Total Time:

DAY 21

Technique:
- ○ _____
- ○ _____
- ○ _____

Repertoire:
- ○ _____
- ○ _____
- ○ _____

Notes:
_____
_____

Time: _____

Total Time:

DAY 22

Time:

Technique:
- ○ _____
- ○ _____
- ○ _____

Repertoire:
- ○ _____
- ○ _____
- ○ _____

Notes:

Total Time:

Month 8

DAY 23

Time:

Technique:
- ○ _____
- ○ _____
- ○ _____

Repertoire:
- ○ _____
- ○ _____
- ○ _____

Notes:

Total Time:

DAY 24

Time:

Technique:
- ○ _____
- ○ _____
- ○ _____

Repertoire:
- ○ _____
- ○ _____
- ○ _____

Notes:

Total Time:

Month 8

DAY 25

Technique:
- ○ _____
- ○ _____
- ○ _____

Repertoire:
- ○ _____
- ○ _____
- ○ _____

Notes:
_____
_____

Time:
____
____
____
____
____
____

Total Time:

DAY 26

Technique:
- ○ _____
- ○ _____
- ○ _____

Repertoire:
- ○ _____
- ○ _____
- ○ _____

Notes:
_____
_____

Time:
____
____
____
____
____
____

Total Time:

DAY 27

Technique:
- ○ _____
- ○ _____
- ○ _____

Repertoire:
- ○ _____
- ○ _____
- ○ _____

Notes:
_____
_____

Time:
____
____
____
____
____
____

Total Time:

DAY 28

Time:

Technique:
- ○ _____
- ○ _____
- ○ _____

Repertoire:
- ○ _____
- ○ _____
- ○ _____

Notes:

Total Time:

Month 8

DAY 29

Time:

Technique:
- ○ _____
- ○ _____
- ○ _____

Repertoire:
- ○ _____
- ○ _____
- ○ _____

Notes:

Total Time:

DAY 30

Time:

Technique:
- ○ _____
- ○ _____
- ○ _____

Repertoire:
- ○ _____
- ○ _____
- ○ _____

Notes:

Total Time:

Month 8

DAY 31

Technique:
- _____
- _____
- _____

Repertoire:
- _____
- _____
- _____

Notes:
_____
_____

Time:
____
____
____

____
____
____

Total Time:

Month in Review

This month's accomplishments:	This month's challenges:

The Month Ahead: _____
(month)

Technique

Next month, I will continue working on:

Next month, I will begin working on:

Repertoire

Next month, I will continue working on:

Next month, I will begin working on:

The Month Ahead: _____
(month)

Month 9

Other Goals

Next month, I will continue working on:

Next month, I will begin working on:

Notes

Month 9

Month 9

DAY 1

Time:

Technique:
- ○ _____
- ○ _____
- ○ _____

Repertoire:
- ○ _____
- ○ _____
- ○ _____

Notes:
_____
_____

Total Time:

DAY 2

Time:

Technique:
- ○ _____
- ○ _____
- ○ _____

Repertoire:
- ○ _____
- ○ _____
- ○ _____

Notes:
_____
_____

Total Time:

DAY 3

Time:

Technique:
- ○ _____
- ○ _____
- ○ _____

Repertoire:
- ○ _____
- ○ _____
- ○ _____

Notes:
_____
_____

Total Time:

DAY 4

Time:

Technique:
- ○ _____
- ○ _____
- ○ _____

Repertoire:
- ○ _____
- ○ _____
- ○ _____

Notes:

Total Time:

Month 9

DAY 5

Time:

Technique:
- ○ _____
- ○ _____
- ○ _____

Repertoire:
- ○ _____
- ○ _____
- ○ _____

Notes:

Total Time:

DAY 6

Time:

Technique:
- ○ _____
- ○ _____
- ○ _____

Repertoire:
- ○ _____
- ○ _____
- ○ _____

Notes:

Total Time:

Month 9

DAY 7

Time:

Technique:
- ○ _____
- ○ _____
- ○ _____

Repertoire:
- ○ _____
- ○ _____
- ○ _____

Notes:
_____
_____

Total Time:

DAY 8

Time:

Technique:
- ○ _____
- ○ _____
- ○ _____

Repertoire:
- ○ _____
- ○ _____
- ○ _____

Notes:
_____
_____

Total Time:

DAY 9

Time:

Technique:
- ○ _____
- ○ _____
- ○ _____

Repertoire:
- ○ _____
- ○ _____
- ○ _____

Notes:
_____
_____

Total Time:

DAY 10

Time:

Technique:
- ○ _____
- ○ _____
- ○ _____

Repertoire:
- ○ _____
- ○ _____
- ○ _____

Notes:
_____
_____

Total Time:

Month 9

DAY 11

Time:

Technique:
- ○ _____
- ○ _____
- ○ _____

Repertoire:
- ○ _____
- ○ _____
- ○ _____

Notes:
_____
_____

Total Time:

DAY 12

Time:

Technique:
- ○ _____
- ○ _____
- ○ _____

Repertoire:
- ○ _____
- ○ _____
- ○ _____

Notes:
_____
_____

Total Time:

Month 9

DAY 13

Time:

Technique:
- ○ _____
- ○ _____
- ○ _____

Repertoire:
- ○ _____
- ○ _____
- ○ _____

Notes:
_____
_____

Total Time:

DAY 14

Time:

Technique:
- ○ _____
- ○ _____
- ○ _____

Repertoire:
- ○ _____
- ○ _____
- ○ _____

Notes:
_____
_____

Total Time:

DAY 15

Time:

Technique:
- ○ _____
- ○ _____
- ○ _____

Repertoire:
- ○ _____
- ○ _____
- ○ _____

Notes:
_____
_____

Total Time:

DAY 16

Time:

Technique:
- ○ _____
- ○ _____
- ○ _____

Repertoire:
- ○ _____
- ○ _____
- ○ _____

Notes:

Total Time:

DAY 17

Time:

Technique:
- ○ _____
- ○ _____
- ○ _____

Repertoire:
- ○ _____
- ○ _____
- ○ _____

Notes:

Total Time:

DAY 18

Time:

Technique:
- ○ _____
- ○ _____
- ○ _____

Repertoire:
- ○ _____
- ○ _____
- ○ _____

Notes:

Total Time:

Month 9

Month 9

DAY 19

Time:

Technique:
- ○ _____
- ○ _____
- ○ _____

Repertoire:
- ○ _____
- ○ _____
- ○ _____

Notes:
_____
_____

Total Time:

DAY 20

Time:

Technique:
- ○ _____
- ○ _____
- ○ _____

Repertoire:
- ○ _____
- ○ _____
- ○ _____

Notes:
_____
_____

Total Time:

DAY 21

Time:

Technique:
- ○ _____
- ○ _____
- ○ _____

Repertoire:
- ○ _____
- ○ _____
- ○ _____

Notes:
_____
_____

Total Time:

DAY 22

Time:

Technique:
- ○ _____
- ○ _____
- ○ _____

Repertoire:
- ○ _____
- ○ _____
- ○ _____

Notes:
_____
_____

Total Time:

Month 9

DAY 23

Time:

Technique:
- ○ _____
- ○ _____
- ○ _____

Repertoire:
- ○ _____
- ○ _____
- ○ _____

Notes:
_____
_____

Total Time:

DAY 24

Time:

Technique:
- ○ _____
- ○ _____
- ○ _____

Repertoire:
- ○ _____
- ○ _____
- ○ _____

Notes:
_____
_____

Total Time:

Month 9

DAY 25

Time:

Technique:
- ○ ___
- ○ ___
- ○ ___

Repertoire:
- ○ ___
- ○ ___
- ○ ___

Notes:
___
___

Total Time:

DAY 26

Time:

Technique:
- ○ ___
- ○ ___
- ○ ___

Repertoire:
- ○ ___
- ○ ___
- ○ ___

Notes:
___
___

Total Time:

DAY 27

Time:

Technique:
- ○ ___
- ○ ___
- ○ ___

Repertoire:
- ○ ___
- ○ ___
- ○ ___

Notes:
___
___

Total Time:

DAY 28

Time:

Technique:
- ○ _____
- ○ _____
- ○ _____

Repertoire:
- ○ _____
- ○ _____
- ○ _____

Notes:
_____
_____

Total Time:

DAY 29

Time:

Technique:
- ○ _____
- ○ _____
- ○ _____

Repertoire:
- ○ _____
- ○ _____
- ○ _____

Notes:
_____
_____

Total Time:

DAY 30

Time:

Technique:
- ○ _____
- ○ _____
- ○ _____

Repertoire:
- ○ _____
- ○ _____
- ○ _____

Notes:
_____
_____

Total Time:

Month 9

Month 9

DAY 31

Technique:
- ○ _____
- ○ _____
- ○ _____

Repertoire:
- ○ _____
- ○ _____
- ○ _____

Notes:

Time:

Total Time:

Month in Review

This month's accomplishments:

This month's challenges:

The Month Ahead: _____
(month)

Technique

Next month, I will continue working on:

Next month, I will begin working on:

Repertoire

Next month, I will continue working on:

Next month, I will begin working on:

The Month Ahead: _____
(month)

Month 10

Other Goals

Next month, I will continue working on:

Next month, I will begin working on:

Notes

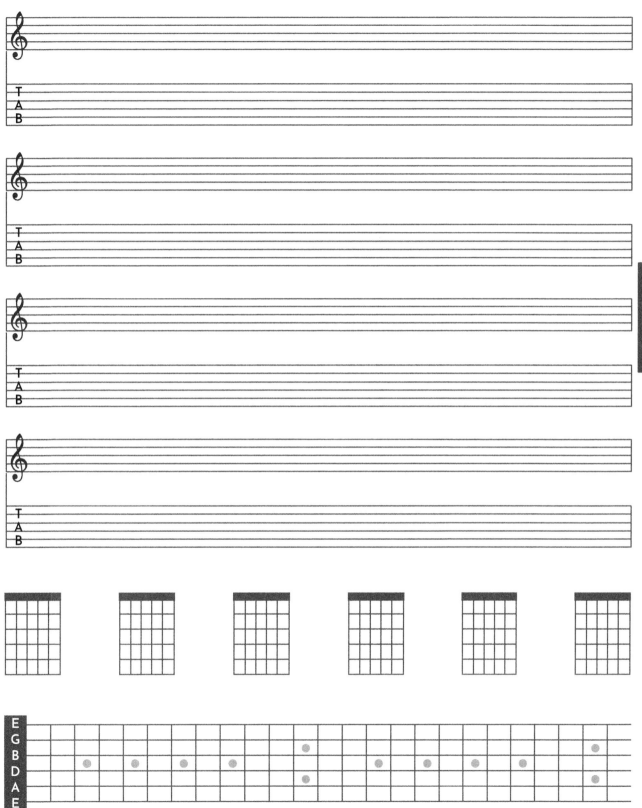

Month 10

DAY 1

Technique:
- ○ _____
- ○ _____
- ○ _____

Repertoire:
- ○ _____
- ○ _____
- ○ _____

Notes:
_____
_____

Time:
_____
_____
_____
_____
_____
_____

Total Time:

DAY 2

Technique:
- ○ _____
- ○ _____
- ○ _____

Repertoire:
- ○ _____
- ○ _____
- ○ _____

Notes:
_____
_____

Time:
_____
_____
_____
_____
_____
_____

Total Time:

DAY 3

Technique:
- ○ _____
- ○ _____
- ○ _____

Repertoire:
- ○ _____
- ○ _____
- ○ _____

Notes:
_____
_____

Time:
_____
_____
_____
_____
_____
_____

Total Time:

DAY 4

Time:

Technique:
- ○ _____
- ○ _____
- ○ _____

Repertoire:
- ○ _____
- ○ _____
- ○ _____

Notes:
_____
_____

Total Time:

DAY 5

Time:

Technique:
- ○ _____
- ○ _____
- ○ _____

Repertoire:
- ○ _____
- ○ _____
- ○ _____

Notes:
_____
_____

Total Time:

DAY 6

Time:

Technique:
- ○ _____
- ○ _____
- ○ _____

Repertoire:
- ○ _____
- ○ _____
- ○ _____

Notes:
_____
_____

Total Time:

Month 10

DAY 7

Time:

Technique:
- ○ _____
- ○ _____
- ○ _____

Repertoire:
- ○ _____
- ○ _____
- ○ _____

Notes:
_____
_____

Total Time:

DAY 8

Time:

Technique:
- ○ _____
- ○ _____
- ○ _____

Repertoire:
- ○ _____
- ○ _____
- ○ _____

Notes:
_____
_____

Total Time:

DAY 9

Time:

Technique:
- ○ _____
- ○ _____
- ○ _____

Repertoire:
- ○ _____
- ○ _____
- ○ _____

Notes:
_____
_____

Total Time:

DAY 10

Time:

Technique:
- ○ _____
- ○ _____
- ○ _____

Repertoire:
- ○ _____
- ○ _____
- ○ _____

Notes:
_____

Total Time:

DAY 11

Time:

Technique:
- ○ _____
- ○ _____
- ○ _____

Repertoire:
- ○ _____
- ○ _____
- ○ _____

Notes:
_____

Total Time:

DAY 12

Time:

Technique:
- ○ _____
- ○ _____
- ○ _____

Repertoire:
- ○ _____
- ○ _____
- ○ _____

Notes:
_____

Total Time:

Month 10

DAY 13

Time:

Technique:
- ○ _____
- ○ _____
- ○ _____

Repertoire:
- ○ _____
- ○ _____
- ○ _____

Notes:

Total Time:

DAY 14

Time:

Technique:
- ○ _____
- ○ _____
- ○ _____

Repertoire:
- ○ _____
- ○ _____
- ○ _____

Notes:

Total Time:

DAY 15

Time:

Technique:
- ○ _____
- ○ _____
- ○ _____

Repertoire:
- ○ _____
- ○ _____
- ○ _____

Notes:

Total Time:

DAY 16

Time:

Technique:
- ○ _____
- ○ _____
- ○ _____

Repertoire:
- ○ _____
- ○ _____
- ○ _____

Notes:
_____
_____

Total Time:

DAY 17

Time:

Technique:
- ○ _____
- ○ _____
- ○ _____

Repertoire:
- ○ _____
- ○ _____
- ○ _____

Notes:
_____
_____

Total Time:

DAY 18

Time:

Technique:
- ○ _____
- ○ _____
- ○ _____

Repertoire:
- ○ _____
- ○ _____
- ○ _____

Notes:
_____
_____

Total Time:

Month 10

DAY 19

Time:

Technique:
-
-
-

Repertoire:
-
-
-

Notes:

Total Time:

DAY 20

Time:

Technique:
-
-
-

Repertoire:
-
-
-

Notes:

Total Time:

DAY 21

Time:

Technique:
-
-
-

Repertoire:
-
-
-

Notes:

Total Time:

DAY 22

Time:

Technique:
- ○ _____
- ○ _____
- ○ _____

Repertoire:
- ○ _____
- ○ _____
- ○ _____

Notes:
_____

Total Time:

DAY 23

Time:

Technique:
- ○ _____
- ○ _____
- ○ _____

Repertoire:
- ○ _____
- ○ _____
- ○ _____

Notes:
_____

Total Time:

DAY 24

Time:

Technique:
- ○ _____
- ○ _____
- ○ _____

Repertoire:
- ○ _____
- ○ _____
- ○ _____

Notes:
_____

Total Time:

Month 10

DAY 25

Technique:
-
-
-

Repertoire:
-
-
-

Notes:

Time:

Total Time:

DAY 26

Technique:
-
-
-

Repertoire:
-
-
-

Notes:

Time:

Total Time:

DAY 27

Technique:
-
-
-

Repertoire:
-
-
-

Notes:

Time:

Total Time:

DAY 28

Time:

Technique:
- ○ _____
- ○ _____
- ○ _____

Repertoire:
- ○ _____
- ○ _____
- ○ _____

Notes:
_____
_____

Total Time:

DAY 29

Time:

Technique:
- ○ _____
- ○ _____
- ○ _____

Repertoire:
- ○ _____
- ○ _____
- ○ _____

Notes:
_____
_____

Total Time:

DAY 30

Time:

Technique:
- ○ _____
- ○ _____
- ○ _____

Repertoire:
- ○ _____
- ○ _____
- ○ _____

Notes:
_____
_____

Total Time:

Month 10

DAY 31

Technique:
- ○ _____
- ○ _____
- ○ _____

Repertoire:
- ○ _____
- ○ _____
- ○ _____

Notes:
_____
_____

Time:
_____
_____
_____
_____
_____
_____

Total Time:

Month in Review

This month's accomplishments:	This month's challenges:

The Month Ahead: _____
(month)

Technique

Next month, I will continue working on:

Next month, I will begin working on:

Repertoire

Next month, I will continue working on:

Next month, I will begin working on:

The Month Ahead: _____
(month)

Other Goals

Next month, I will continue working on:

Next month, I will begin working on:

Notes

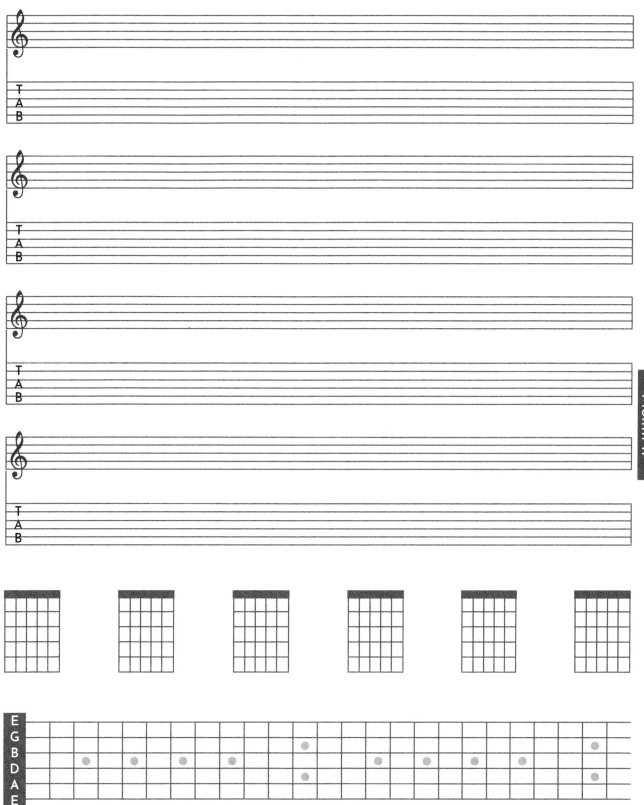

Month 11

DAY 1

Time:

Technique:
- ○ _____
- ○ _____
- ○ _____

Repertoire:
- ○ _____
- ○ _____
- ○ _____

Notes:
_____
_____

Total Time:

DAY 2

Time:

Technique:
- ○ _____
- ○ _____
- ○ _____

Repertoire:
- ○ _____
- ○ _____
- ○ _____

Notes:
_____
_____

Total Time:

DAY 3

Time:

Technique:
- ○ _____
- ○ _____
- ○ _____

Repertoire:
- ○ _____
- ○ _____
- ○ _____

Notes:
_____
_____

Total Time:

DAY 4

Time:

Technique:
- ○ _____
- ○ _____
- ○ _____

Repertoire:
- ○ _____
- ○ _____
- ○ _____

Notes:
_____
_____

Total Time:

DAY 5

Time:

Technique:
- ○ _____
- ○ _____
- ○ _____

Repertoire:
- ○ _____
- ○ _____
- ○ _____

Notes:
_____
_____

Total Time:

DAY 6

Time:

Technique:
- ○ _____
- ○ _____
- ○ _____

Repertoire:
- ○ _____
- ○ _____
- ○ _____

Notes:
_____
_____

Total Time:

Month 11

Month 11

DAY 7

Technique:
- ○ _____
- ○ _____
- ○ _____

Repertoire:
- ○ _____
- ○ _____
- ○ _____

Notes:
_____
_____

Time: _____

Total Time:

DAY 8

Technique:
- ○ _____
- ○ _____
- ○ _____

Repertoire:
- ○ _____
- ○ _____
- ○ _____

Notes:
_____
_____

Time: _____

Total Time:

DAY 9

Technique:
- ○ _____
- ○ _____
- ○ _____

Repertoire:
- ○ _____
- ○ _____
- ○ _____

Notes:
_____
_____

Time: _____

Total Time:

DAY 10

Time:

Technique:
- ○ _____
- ○ _____
- ○ _____

Repertoire:
- ○ _____
- ○ _____
- ○ _____

Notes:

Total Time:

DAY 11

Time:

Technique:
- ○ _____
- ○ _____
- ○ _____

Repertoire:
- ○ _____
- ○ _____
- ○ _____

Notes:

Total Time:

Month 11

DAY 12

Time:

Technique:
- ○ _____
- ○ _____
- ○ _____

Repertoire:
- ○ _____
- ○ _____
- ○ _____

Notes:

Total Time:

Month 11

DAY 13

Time:

Technique:
- ○ _____
- ○ _____
- ○ _____

Repertoire:
- ○ _____
- ○ _____
- ○ _____

Notes:
_____
_____

Total Time:

DAY 14

Time:

Technique:
- ○ _____
- ○ _____
- ○ _____

Repertoire:
- ○ _____
- ○ _____
- ○ _____

Notes:
_____
_____

Total Time:

DAY 15

Time:

Technique:
- ○ _____
- ○ _____
- ○ _____

Repertoire:
- ○ _____
- ○ _____
- ○ _____

Notes:
_____
_____

Total Time:

DAY 16

Time:

Technique:
- ○ _____
- ○ _____
- ○ _____

Repertoire:
- ○ _____
- ○ _____
- ○ _____

Notes:

Total Time:

DAY 17

Time:

Technique:
- ○ _____
- ○ _____
- ○ _____

Repertoire:
- ○ _____
- ○ _____
- ○ _____

Notes:

Total Time:

DAY 18

Time:

Technique:
- ○ _____
- ○ _____
- ○ _____

Repertoire:
- ○ _____
- ○ _____
- ○ _____

Notes:

Total Time:

Month 11

Month 11

DAY 19

Time:

Technique:
- ○ _____
- ○ _____
- ○ _____

Repertoire:
- ○ _____
- ○ _____
- ○ _____

Notes:
_____

Total Time:

DAY 20

Time:

Technique:
- ○ _____
- ○ _____
- ○ _____

Repertoire:
- ○ _____
- ○ _____
- ○ _____

Notes:
_____

Total Time:

DAY 21

Time:

Technique:
- ○ _____
- ○ _____
- ○ _____

Repertoire:
- ○ _____
- ○ _____
- ○ _____

Notes:
_____

Total Time:

DAY 22

Time:

Technique:
- ○ _____
- ○ _____
- ○ _____

Repertoire:
- ○ _____
- ○ _____
- ○ _____

Notes:
_____
_____

Total Time:

DAY 23

Time:

Technique:
- ○ _____
- ○ _____
- ○ _____

Repertoire:
- ○ _____
- ○ _____
- ○ _____

Notes:
_____
_____

Total Time:

DAY 24

Time:

Technique:
- ○ _____
- ○ _____
- ○ _____

Repertoire:
- ○ _____
- ○ _____
- ○ _____

Notes:
_____
_____

Total Time:

Month 11

DAY 25

Technique:
-
-
-

Repertoire:
-
-
-

Notes:

Time:

Total Time:

DAY 26

Technique:
-
-
-

Repertoire:
-
-
-

Notes:

Time:

Total Time:

DAY 27

Technique:
-
-
-

Repertoire:
-
-
-

Notes:

Time:

Total Time:

DAY 28

Time:

Technique:
- ○ _____ ___
- ○ _____ ___
- ○ _____ ___

Repertoire:
- ○ _____ ___
- ○ _____ ___
- ○ _____ ___

Notes:
_____

Total Time:

DAY 29

Time:

Technique:
- ○ _____ ___
- ○ _____ ___
- ○ _____ ___

Repertoire:
- ○ _____ ___
- ○ _____ ___
- ○ _____ ___

Notes:
_____

Total Time:

DAY 30

Time:

Technique:
- ○ _____ ___
- ○ _____ ___
- ○ _____ ___

Repertoire:
- ○ _____ ___
- ○ _____ ___
- ○ _____ ___

Notes:
_____

Total Time:

Month 11

DAY 31

Technique:
- _____
- _____
- _____

Repertoire:
- _____
- _____
- _____

Notes:
_____
_____

Time:
_____
_____
_____

_____
_____
_____

Total Time:

Month in Review

Month 11

This month's accomplishments:

This month's challenges:

The Month Ahead: _____
(month)

Technique

Next month, I will continue working on:

Next month, I will begin working on:

Repertoire

Next month, I will continue working on:

Next month, I will begin working on:

Month 12

The Month Ahead: _____
(month)

Other Goals

Next month, I will continue working on:

Next month, I will begin working on:

Notes

Month 12

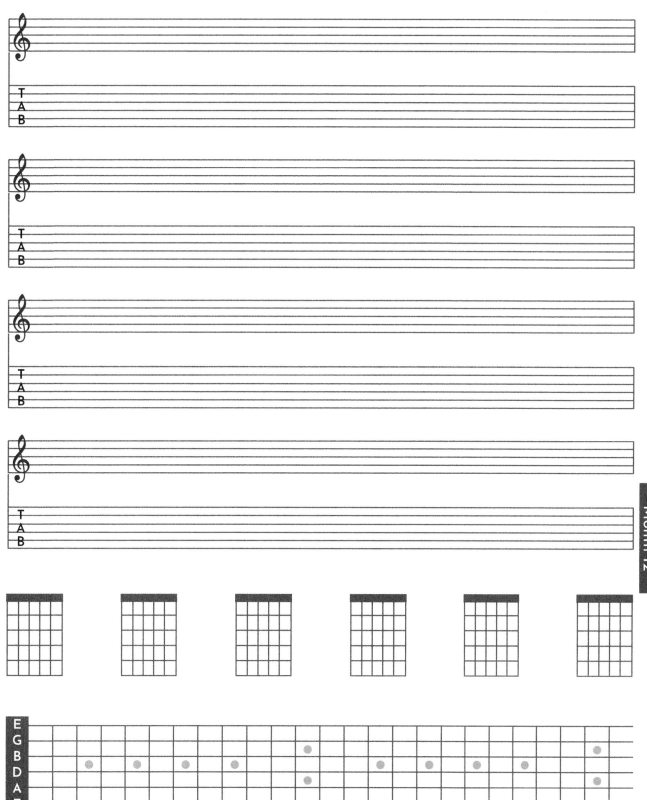

Month 12

DAY 1

Technique:
- ○ _____
- ○ _____
- ○ _____

Repertoire:
- ○ _____
- ○ _____
- ○ _____

Notes:

Time:

Total Time:

DAY 2

Technique:
- ○ _____
- ○ _____
- ○ _____

Repertoire:
- ○ _____
- ○ _____
- ○ _____

Notes:

Time:

Total Time:

DAY 3

Technique:
- ○ _____
- ○ _____
- ○ _____

Repertoire:
- ○ _____
- ○ _____
- ○ _____

Notes:

Time:

Total Time:

DAY 4

Time:

Technique:
- ○ _____
- ○ _____
- ○ _____

Repertoire:
- ○ _____
- ○ _____
- ○ _____

Notes:

Total Time:

DAY 5

Time:

Technique:
- ○ _____
- ○ _____
- ○ _____

Repertoire:
- ○ _____
- ○ _____
- ○ _____

Notes:

Total Time:

DAY 6

Time:

Technique:
- ○ _____
- ○ _____
- ○ _____

Repertoire:
- ○ _____
- ○ _____
- ○ _____

Notes:

Total Time:

Month 12

DAY 7

Time:

Technique:
- ○ _____
- ○ _____
- ○ _____

Repertoire:
- ○ _____
- ○ _____
- ○ _____

Notes:

Total Time:

DAY 8

Time:

Technique:
- ○ _____
- ○ _____
- ○ _____

Repertoire:
- ○ _____
- ○ _____
- ○ _____

Notes:

Total Time:

DAY 9

Time:

Technique:
- ○ _____
- ○ _____
- ○ _____

Repertoire:
- ○ _____
- ○ _____
- ○ _____

Notes:

Total Time:

DAY 10

Time:

Technique:
- ○ _____ _____
- ○ _____ _____
- ○ _____ _____

Repertoire:
- ○ _____ _____
- ○ _____ _____
- ○ _____ _____

Notes:
_____

| Total Time: |

DAY 11

Time:

Technique:
- ○ _____ _____
- ○ _____ _____
- ○ _____ _____

Repertoire:
- ○ _____ _____
- ○ _____ _____
- ○ _____ _____

Notes:
_____

| Total Time: |

DAY 12

Time:

Technique:
- ○ _____ _____
- ○ _____ _____
- ○ _____ _____

Repertoire:
- ○ _____ _____
- ○ _____ _____
- ○ _____ _____

Notes:
_____

| Total Time: |

Month 12

DAY 13

Time:

Technique:
- ○ _____
- ○ _____
- ○ _____

Repertoire:
- ○ _____
- ○ _____
- ○ _____

Notes:
_____
_____

Total Time:

DAY 14

Time:

Technique:
- ○ _____
- ○ _____
- ○ _____

Repertoire:
- ○ _____
- ○ _____
- ○ _____

Notes:
_____
_____

Total Time:

DAY 15

Time:

Technique:
- ○ _____
- ○ _____
- ○ _____

Repertoire:
- ○ _____
- ○ _____
- ○ _____

Notes:
_____
_____

Total Time:

DAY 16

Time:

Technique:
- ○ _____
- ○ _____
- ○ _____

Repertoire:
- ○ _____
- ○ _____
- ○ _____

Notes:
_____
_____

Total Time:

DAY 17

Time:

Technique:
- ○ _____
- ○ _____
- ○ _____

Repertoire:
- ○ _____
- ○ _____
- ○ _____

Notes:
_____
_____

Total Time:

DAY 18

Time:

Technique:
- ○ _____
- ○ _____
- ○ _____

Repertoire:
- ○ _____
- ○ _____
- ○ _____

Notes:
_____
_____

Total Time:

Month 12

DAY 19

Time:

Technique:
- ○
- ○
- ○

Repertoire:
- ○
- ○
- ○

Notes:

Total Time:

DAY 20

Time:

Technique:
- ○
- ○
- ○

Repertoire:
- ○
- ○
- ○

Notes:

Total Time:

DAY 21

Time:

Technique:
- ○
- ○
- ○

Repertoire:
- ○
- ○
- ○

Notes:

Total Time:

DAY 22

Time:

Technique:
- ○ _____ _____
- ○ _____ _____
- ○ _____ _____

Repertoire:
- ○ _____ _____
- ○ _____ _____
- ○ _____ _____

Notes:
_____

| Total Time: |

DAY 23

Time:

Technique:
- ○ _____ _____
- ○ _____ _____
- ○ _____ _____

Repertoire:
- ○ _____ _____
- ○ _____ _____
- ○ _____ _____

Notes:
_____

| Total Time: |

DAY 24

Time:

Technique:
- ○ _____ _____
- ○ _____ _____
- ○ _____ _____

Repertoire:
- ○ _____ _____
- ○ _____ _____
- ○ _____ _____

Notes:
_____

| Total Time: |

Month 12

DAY 25

Time:

Technique:
- ○ _____
- ○ _____
- ○ _____

Repertoire:
- ○ _____
- ○ _____
- ○ _____

Notes:
_____

Total Time:

DAY 26

Time:

Technique:
- ○ _____
- ○ _____
- ○ _____

Repertoire:
- ○ _____
- ○ _____
- ○ _____

Notes:
_____

Total Time:

DAY 27

Time:

Technique:
- ○ _____
- ○ _____
- ○ _____

Repertoire:
- ○ _____
- ○ _____
- ○ _____

Notes:
_____

Total Time:

Month 12

DAY 28

Time:

Technique:
- ○ _____
- ○ _____
- ○ _____

Repertoire:
- ○ _____
- ○ _____
- ○ _____

Notes:
_____
_____

Total Time:

DAY 29

Time:

Technique:
- ○ _____
- ○ _____
- ○ _____

Repertoire:
- ○ _____
- ○ _____
- ○ _____

Notes:
_____
_____

Total Time:

DAY 30

Time:

Technique:
- ○ _____
- ○ _____
- ○ _____

Repertoire:
- ○ _____
- ○ _____
- ○ _____

Notes:
_____
_____

Total Time:

Month 12

DAY 31

☐ Sight Reading: _____
☐ Ear Training: _____
☐ Technique: _____
Repertoire:
☐ _____
☐ _____
☐ _____
Notes:
_____
_____
_____

Time: _____
_____
_____
_____
_____
_____

Total Time:

Month in Review

Month 12

This month's accomplishments:

This month's challenges:

Year in Review

Year in Review

Technique

This year's biggest accomplishments were:

Next year, I want to work on:

Repertoire

This year's biggest accomplishments were:

Next year, I want to work on:

Year in Review

Other Goals

I made progress on these other goals this year:

Next year, I want to work on:

Notes

Reference

Glossary of Musical Terms

A tempo	returning to the original speed
Accelerando	gradually getting faster
Accent	a note played with more emphasis than others
Action	the height of the strings above the fretboard
Alternate picking	picking in alternating directions (i.e., up-down-up-down)
Arpeggio	a broken chord wherein the notes are played one at a time
Barre chord	chord played by placing the index finger across two or more strings on the fretboard when strumming
Bending	pushing or pulling a string sideways across a fret to alter the pitch
Capo	a mechanical barre that attaches to the neck of the guitar and clamps down on the strings, used to raise the key
Chord	three or more notes played at the same time
Coda (⊕)	an added ending to a piece
Common time (C)	another way of indicating $\frac{4}{4}$ time
Crescendo ($\diagup$)	gradually getting louder
Cut time (¢)	another way of indicating $\frac{2}{2}$ time
Da Capo (D.C.) al Fine	repeat the piece from the beginning until the word "fine"
Dal Segno (D.S.) al Coda	repeat the piece from the 𝄋 sign and then proceed to the coda (⊕) where indicated
Dal Segno (D.S.) al Fine	repeat the piece from the 𝄋 sign until the word "fine"
Decrescendo ($\diagdown$)	gradually getting softer
Diminuendo	gradually getting softer
Fermata (𝄐)	hold the note under the sign longer than usual
Forte (f)	loud
Fortissimo (ff)	very loud
Hammer-on	technique in which a note is played by pressing down quickly on the fret board rather than by plucking the string

Harmonics	overtones of the string produced when the string is lightly touched at certain points
Interval	the distance between two notes
Inversion	a chord structure in which the lowest note played is not the root
Legato	notes that are connected smoothly, often achieved using hammer-ons or pull-offs
Mezzo forte (*mf*)	medium-loud
Mezzo piano (*mp*)	medium-soft
Modulate	change keys within a song
Muting	muffling the ringing of the notes, often achieved by gently resting the hand on the strings near the bridge (a technique known as palm muting)
Pianissimo (*pp*)	very soft
Piano (*p*)	soft
Power chord	chord consisting of the root, fifth, and eighth scale tones
Pull-off	technique in which a second note is created on a single string by picking the string and, while the first note is still ringing, releasing the highest fretting finger with a slight pulling motion, allowing a lower note to sound (either the open string or the next note held on a lower fret on that string)
Ritardando	gradually getting slower
Tempo	speed
Triad	a three-note chord
Trill	an ornament that quickly alternates the written note with the tone immediately above it
Vibrato	small oscillation in pitch used for expression, created by rocking the fingertip on the fretting hand

Guitar Fretboard

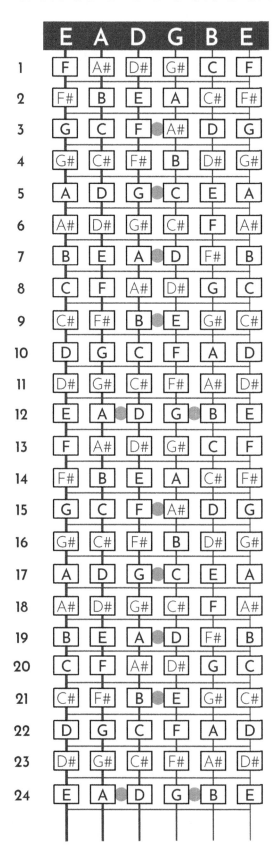

Circle of Fifths

The Circle of Fifths describes the relationship between key signatures. At the top of the circle sits the key signature with no sharps or flats, C Major, along with its corresponding minor key, A Minor. As you move clockwise around the circle, with each sharp added to the key signature, the key raises by a fifth. For example, G is a fifth above C. When you reach the bottom of the circle, the flat key signatures are introduced, and as you continue to move up by a fifth, you subtract a flat from the key signature until you return to no flats at the top of the circle.

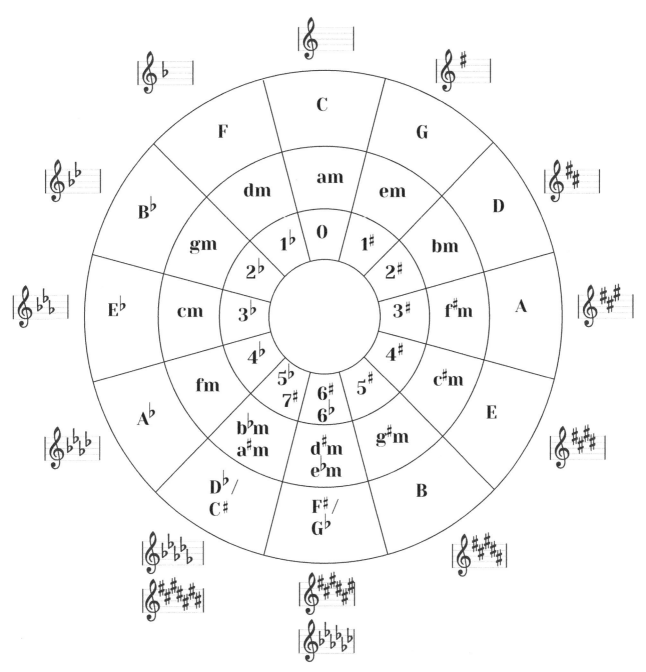

Chord Dictionary

	C	Cmaj7	Cm	Cm7	C7
C	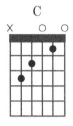	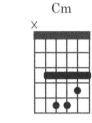			

	C#	C#maj7	C#m	C#m7	C#7
C# (D♭)		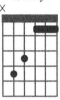			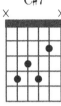

	D	Dmaj7	Dm	Dm7	D7
D		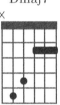			

	E♭	E♭maj7	E♭m	E♭m7	E♭7
E♭ (D#)	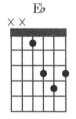				

	E	Emaj7	Em	Em7	E7
E		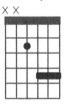		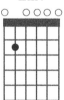	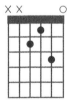

	F	Fmaj7	Fm	Fm7	F7
F	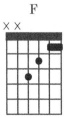				

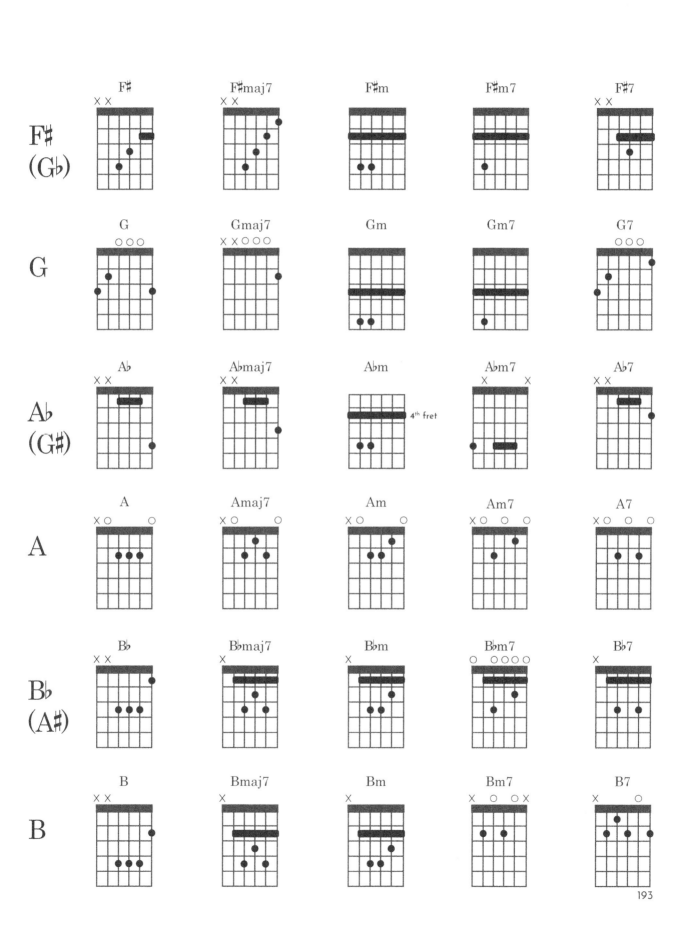

Notes

Notes

Notes

Notes

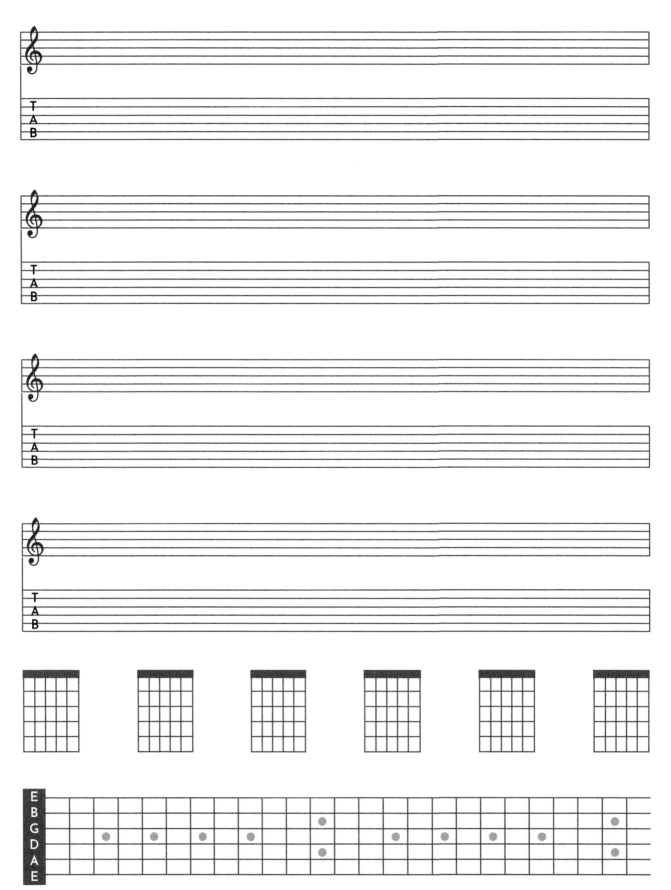

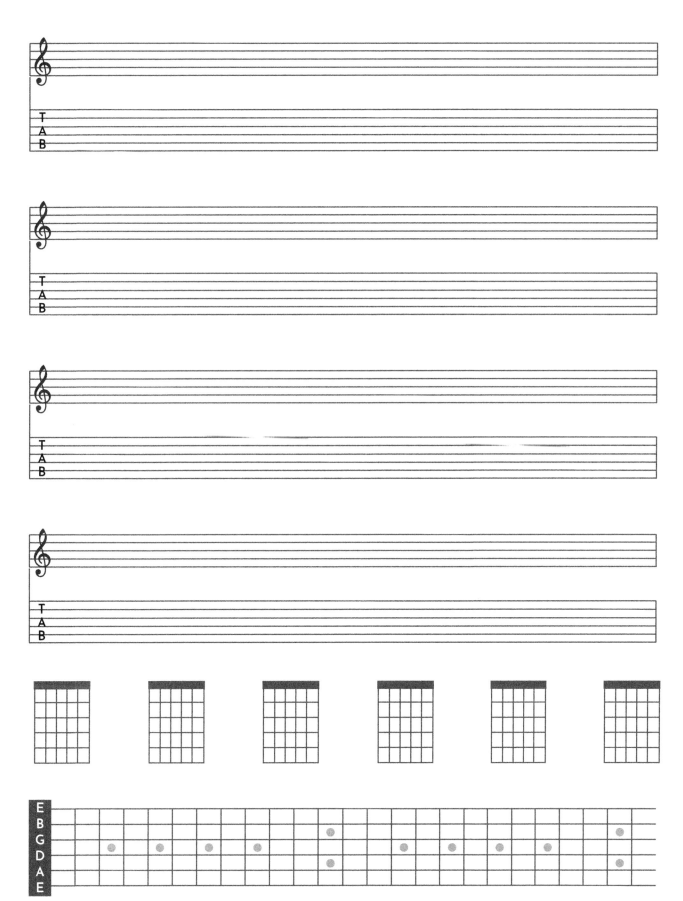

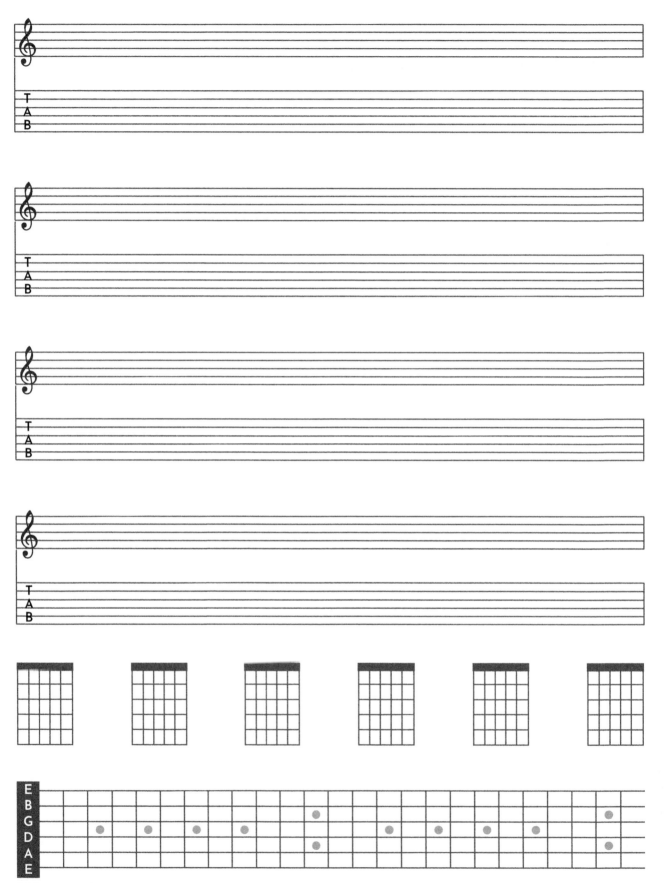

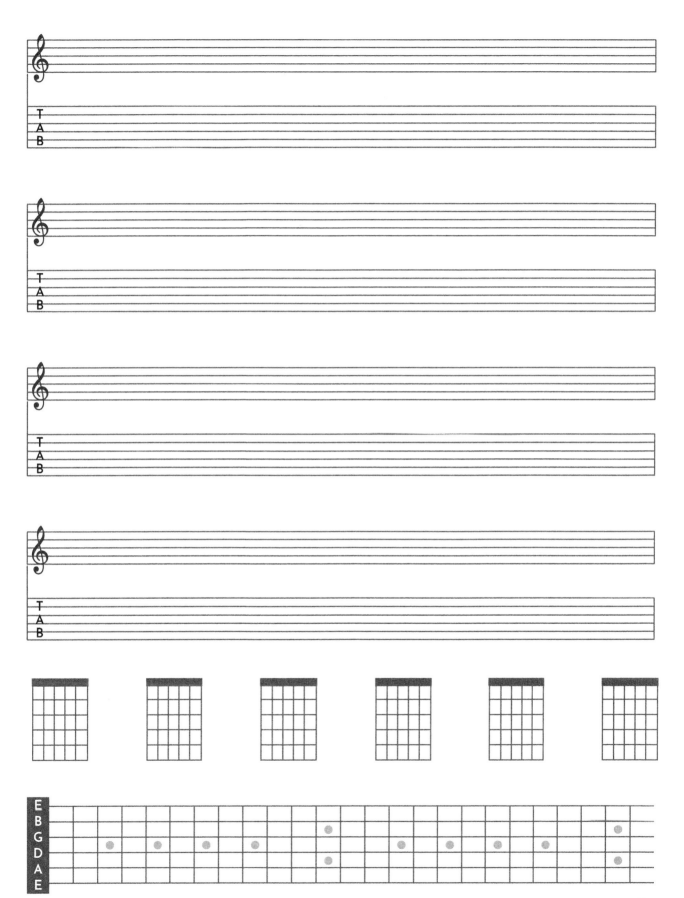

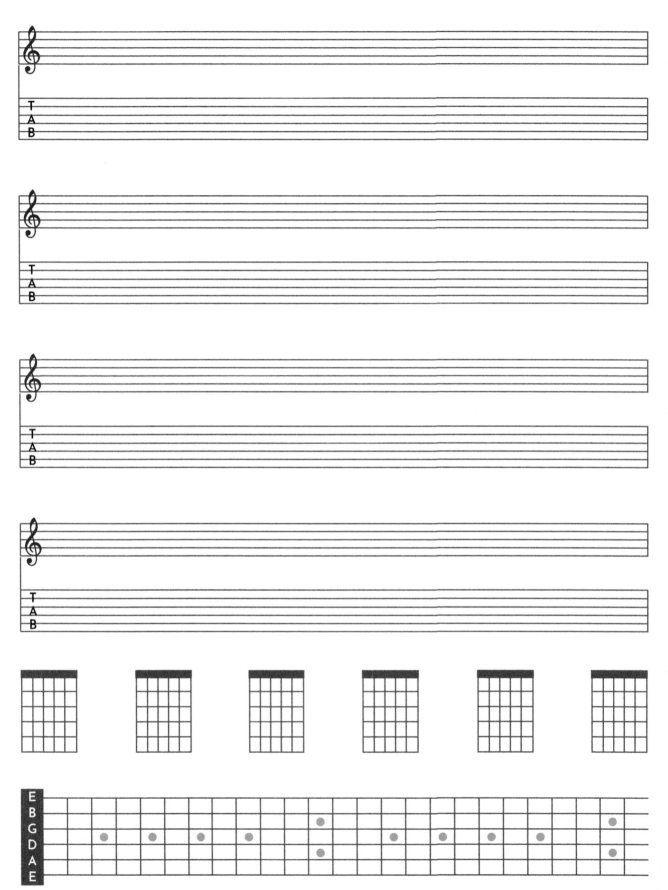

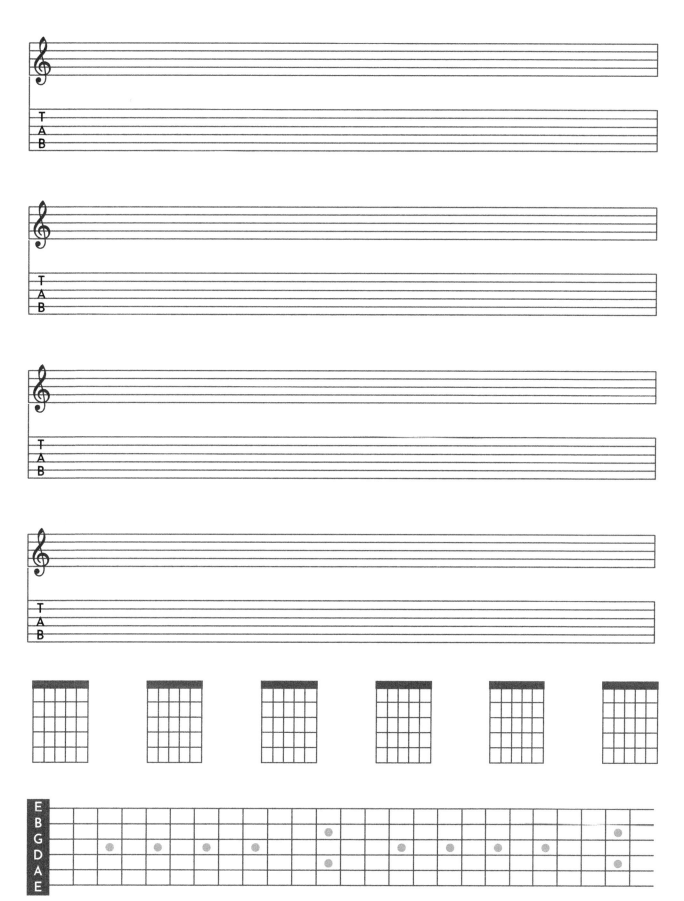

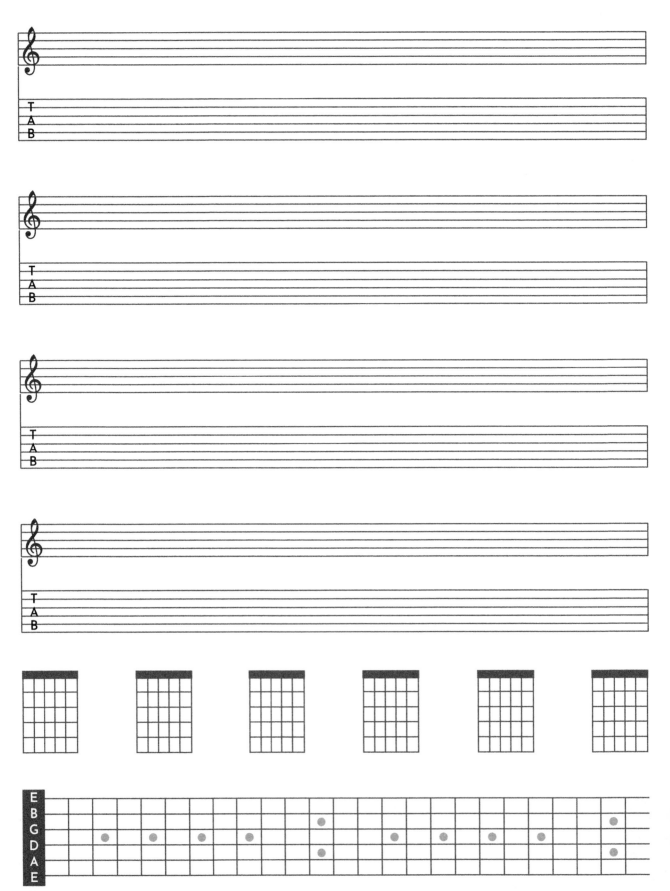

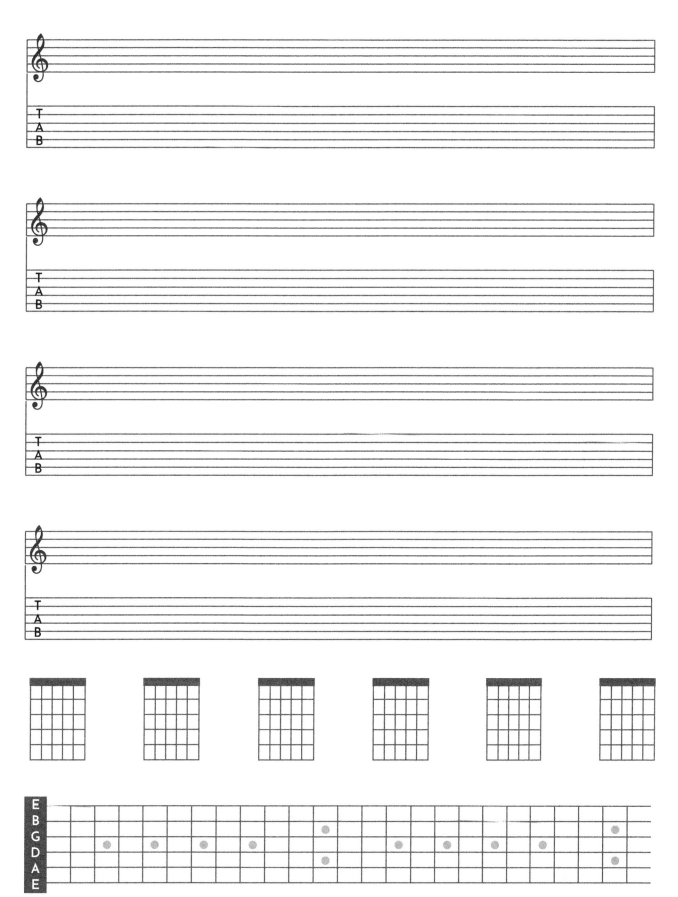

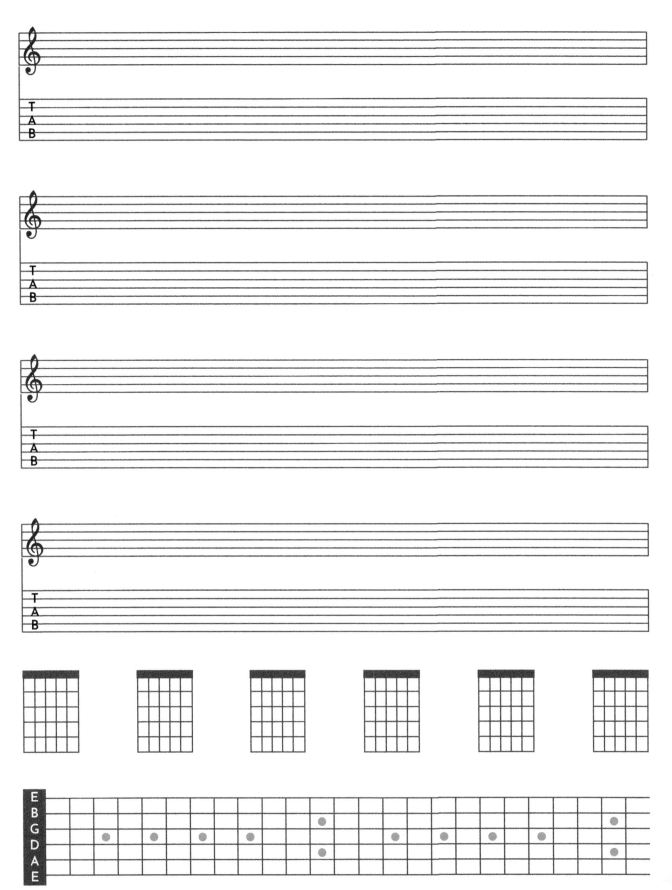

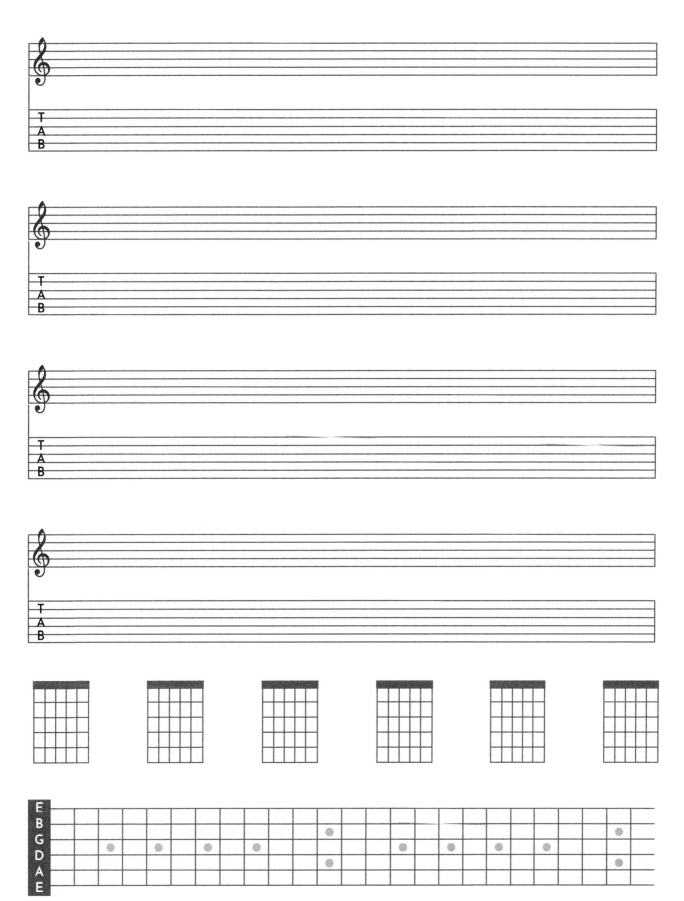

Made in the USA
Coppell, TX
15 January 2021